LÉGENDES
DE LA VIEILLE-AMÉRIQUE

Collection « Mythologies » dirigée par
Claude AZIZA

L'« Entracte » a été imaginé par
Sylvie DEWEERDT
Nicole RASTETTER

William CAMUS

Légendes de la Vieille-Amérique

POCKET

Ce livre a été publié pour la première fois
en 1979, aux éditions Bordas

Loi n° 49-956 du 16 juillet 1949 sur les publications destinées
à la jeunesse : octobre 1996.

ISBN 2-266-07008-8

Introduction

Les légendes des Peaux-Rouges d'Amérique viennent de la nuit des temps. Elles virent le jour bien avant que l'Homme-Blanc ne pose le pied en conquérant sur le grand continent.

Autrefois, certains vieux sages, nommés les Gardiens-des-Grandes-Choses-Passées, transmettaient les légendes de bouche à oreille. Ils le faisaient devant le feu, à la nuit tombée. Les jeunes apprenaient et les plus âgés se remémoraient.

C'est ainsi que chacun s'imprégnait des règles de la vie et que se forgeait la philosophie de la tribu.

Les légendes contaient le ciel, la terre, les animaux et les plantes. Elles parlaient aussi des dieux et des hommes. Le Peau-Rouge prenait ainsi conscience de la valeur du respect d'autrui et de la parole donnée. Il découvrait le chemin de la bravoure, de la bonté et de la reconnaissance.

C'est pour cela qu'il connaissait ses devoirs envers ses contemporains et envers lui-même, envers la faune, la flore et la nature. Son bon sens lui imposait de ne pas tuer plus d'animaux qu'il ne pouvait en consommer, de ne pas cueillir tous les fruits d'un arbre, d'abandonner des baies sur un buisson. L'insecte ou l'oiseau pouvait passer derrière lui et trouver pitance. Il accordait à tout être vivant le droit à la vie. Une salutaire harmonie régnait entre les différentes espèces placées sur la terre par le Grand-Esprit.

De nos jours, les Gardiens-des-Grandes-Choses-Passées existent encore. Mais ils ne content plus les légendes qu'aux initiés, en petit comité. Pour les collecter, l'auteur, qui appartient à la Nation iroquoise, a dû visiter de nombreuses tribus au Canada et aux États-Unis. Afin de mieux nous les restituer, il a puisé directement à la source de la langue originelle. Elles nous parviennent donc ici dans leur authenticité première.

I. INDIENS MENOMINI

LE DÉBUT DU MONDE

Cette histoire se passa il y a très longtemps, en un lieu où il ne faisait jamais tout à fait jour ni tout à fait nuit. Le Grand-Esprit n'avait encore mis aucun homme sur la terre et le monde appartenait aux Manitous [1].

À l'orée d'une forêt, dans un univers sans joie et sans tristesse, vivait une femme nommée Lumière-du-Matin. Bien que dépourvue de mari, elle avait deux enfants. Le plus jeune était un petit garçon. Il s'appelait Buée-de-Brume. L'aînée était une belle jeune fille. Elle n'avait pas de nom.

Un jeune Manitou vint à passer par là. Il vit la fille et en devint amoureux. Mais Lumière-

1. Les Manitous étaient de bons ou de mauvais génies.

du-Matin veillait jalousement sur son enfant. Ne pouvant approcher l'élue de son cœur, le Manitou se transforma en un brin d'herbe et se laissa tomber dans la source où elle avait l'habitude de boire.

Ainsi il pénétra dans son corps et l'épousa.

Après trois lunes, victime de cet accouplement inhabituel, la jeune épousée mourut dans d'atroces douleurs. Déchiré de chagrin, le Manitou dut alors quitter le ventre de sa bien-aimée. Il lui ouvrit le flanc à l'aide de son couteau et sortit du cadavre sous la forme d'un nourrisson.

Mais cela le rendit méchant et le voua au mal.

Lumière-du-Matin décida d'adopter le nouveau-né. Elle le nomma Rayon-d'Éclair et le considéra comme son second fils.

Rayon-d'Éclair fut donc élevé en compagnie de Buée-de-Brume. Cependant, autant celui-ci était bon et doux, autant son frère était brutal et emporté. Alors que Buée-de-Brume restait dans la cabane à aider sa mère, Rayon-d'Éclair ne cessait de vagabonder. Tandis que son frère mangeait parcimonieusement, il avait un appétit dévorant et réclamait toujours plus de nourriture.

Un jour, revenant de cueillir des baies et constatant que Rayon-d'Éclair n'était pas là, Lumière-du-Matin demanda à Buée-de-Brume :

— Où donc est encore ton frère ?

— Il est sorti, répondit l'enfant. Il a déclaré qu'il s'ennuyait ici et qu'il partait découvrir des pays merveilleux.

La vieille femme comprit que Buée-de-Brume grandissait et qu'il avait envie de suivre son frère. Sachant qu'elle ne pourrait plus le retenir très longtemps, elle l'encouragea à le faire. Elle lui confectionna une paire de solides mocassins et des jambières de peau.

Le lendemain, Buée-de-Brume quitta la cabane, alla rejoindre Rayon-d'Éclair et voyagea de concert avec lui.

Mais, à partager la vie errante de son frère, Buée-de-Brume prit son mauvais caractère. Il eut bientôt les mêmes sautes d'humeur et adopta bien vite ses manières brutales. S'encourageant l'un l'autre, les deux enfants n'eurent plus que provocations à la bouche. Ils en vinrent à chercher querelle à tous les Manitous qu'ils rencontraient. Des combats s'ensuivirent et leur chemin se jalonna de cadavres. Les deux compères en arrivèrent à semer la crainte partout où ils passaient.

Les chefs des Manitous s'émurent. Ils tinrent conseil afin de mettre un frein aux agissements des perturbateurs. Le Manitou-chargé-de-faire-briller-le-Soleil décréta :

— Ces deux sauvages vont nous exterminer si nous les laissons faire.

Le Manitou-chargé-de-faire-tomber-la-Pluie proposa :

— Nous devons les neutraliser pendant qu'il en est encore temps.

— Rayon-d'Éclair est trop fort pour nous, dit le Manitou-chargé-de-provoquer-le-Gel.

— Il faut dans ce cas tuer Buée-de-Brume, ajouta le Manitou-chargé-de-faire-verdir-les-Arbres. Privé de son frère, Rayon-d'Éclair sera moins redoutable et nous pourrons en venir à bout.

Les Manitous convinrent alors d'un plan et invitèrent les deux frères à venir parler avec eux. Ceux-ci acceptèrent et occupèrent leur place à l'assemblée.

Le Manitou-chargé-de-faire-couler-les-Rivières déclara :

— Le Grand-Esprit a l'intention de mettre prochainement des hommes sur la terre. Il nous a demandé de choisir pour eux le meilleur endroit. Nous allons donc organiser deux expéditions. L'une ira vers le sud et l'autre vers le nord.

Rayon-d'Éclair et Buée-de-Brume donnèrent leur accord. Le lendemain, les deux colonnes partirent. Mais les Manitous s'étaient arrangés pour ne placer qu'un des deux frères dans chacune d'elles.

Buée-de-Brume marcha avec sa troupe en direction du nord. Parvenus dans un petit bois, les Manitous qui l'accompagnaient se jetèrent sur lui et l'assommèrent. Mais, avant de perdre conscience, le jeune homme eut le temps de crier :

— Viens à mon secours, mon frère ! J'ai besoin de ton aide. Les Manitous me veulent du mal !

Rayon-d'Éclair menait son groupe vers le sud. Il s'apprêtait à franchir une chaîne de montagnes quand la voix de Buée-de-Brume lui parvint. Tout aussitôt, il rebroussa chemin et rejoignit les compagnons de son frère. N'apercevant pas Buée-de-Brume parmi eux, il demanda à un Manitou :

— Sais-tu ce qui est arrivé à mon frère ?

— Oui, répondit l'interpellé. Un arbre lui est tombé sur la tête.

Rayon-d'Éclair sut qu'il mentait. Il poussa alors un si profond soupir de désolation que la terre en fut tout ébranlée. Des volcans surgirent du sol, crachèrent des flammes et de la fumée.

Désespéré par la mort de son frère, Rayon-d'Éclair se coupa une mèche de cheveux en signe de deuil. Puis il alla s'enfermer dans sa hutte et ne parla plus à personne.

Les Manitous s'inquiétèrent, mais ils ne le dérangèrent pas.

Une nuit, quelqu'un gratta à l'entrée de sa cabane. Une petite voix fluette dit :

— Je suis l'âme de ton jeune frère, laisse-moi entrer et nous reprendrons notre vie comme avant.

Rayon-d'Éclair comprit qu'il s'agissait du fantôme de Buée-de-Brume et il répondit :

— Ce n'est plus possible. Je ne puis te permettre de pénétrer dans ma hutte, tu y apporterais la malédiction. Maintenant que tu es mort et que j'ai chanté ton chant funèbre, tu ne peux plus fréquenter les vivants.

— Je ne sais pas où aller, ajouta le spectre.

— Tu dois rejoindre tes semblables là où le soleil se couche, expliqua Rayon-d'Éclair. Prends ces mocassins et cette torche. Ainsi tu n'auras pas mal aux pieds et tu y verras clair pendant ton voyage.

Ce disant, Rayon-d'Éclair posa une paire de bons mocassins et un morceau de bois résineux devant sa porte. L'esprit de Buée-de-Brume s'en empara et il partit sur le chemin menant vers le soleil couchant. Son frère le regarda s'éloigner jusqu'au moment où son flambeau se confondit avec les étoiles.

Durant la nuit, Rayon-d'Éclair eut un songe. Au matin, il sortit de chez lui et alla s'asseoir sous un arbre. Une mésange chanta sur une branche :

— Je connais le Manitou qui a tué ton frère et je puis t'indiquer sa maison.

— Parle vite, affreuse petite chose noire. En

échange, je t'offrirai une belle parure, promit le jeune homme.

— Il s'agit du Manitou-des-Eaux. Il vit dans une grotte au bord du lac.

Rayon-d'Éclair peignit le ventre de l'oiseau en jaune, ses flancs en vert, ses joues en blanc, le dessus de son crâne de la couleur du ciel et en fit une mésange à tête bleue. Puis il courut vers le lac et se cacha parmi les herbes hautes.

Quand le soleil atteignit son zénith, le Manitou-des-Eaux sortit de sa caverne et s'allongea sur le sable chaud. Décidé à ne pas l'épargner, le garçon se confectionna une flèche, fit un arc dans du bois dur et tressa une corde avec les fils d'une toile d'araignée. Ainsi armé, Rayon-d'Éclair se mit à l'affût. Lorsque le moment fut venu, il tira sur le monstre aquatique. Mais celui-ci avait la peau très dure. Le trait se ficha dans son dos sans atteindre d'organe vital.

Le monstre se réfugia dans l'eau et tenta d'arracher la flèche de sa blessure. Ne pouvant y parvenir, il décida d'aller demander de l'aide à la femelle du crapaud.

Cette dernière dormait sur un nénuphar. Un nuage de moustiques porteur de toutes les maladies volait autour d'elle. Le Manitou-des-Eaux la réveilla et l'implora :

— Je t'en prie, fais quelque chose pour moi. Rayon-d'Éclair m'a décoché une flèche et je sens que je perds mes forces.

La femelle du crapaud tenta d'arracher le trait de la plaie et n'y parvint pas.

— Attends-moi ici, déclara-t-elle. Je vais cueillir des plantes pour te guérir.

Elle se changea en vieille femme, prit un grand panier et gagna le rivage.

Rayon-d'Éclair l'aperçut et, tout de suite, déjoua sa ruse. À son tour, il se transforma en un petit vieux et l'aborda en adoptant une voix chevrotante.

— Que fais-tu ici ? lui demanda-t-il. À ton âge, tu ne devrais pas porter un si lourd panier.

— Je cherche des plantes médicinales, répondit-elle. Un de mes amis souffre d'une mauvaise blessure et je dois le soigner.

— C'est très aimable de ta part, dit Rayon-d'Éclair. Veux-tu que je t'aide ?

La vieille répondit affirmativement. Alors, il la tua et prit son apparence.

Le Manitou-des-Eaux n'eut aucun soupçon lorsqu'il vit arriver cette nouvelle vieille. Il la prit pour la femelle du crapaud et l'interrogea :

— As-tu trouvé les herbes capables de me guérir ?

— Tu ne vas plus souffrir longtemps, affirma Rayon-d'Éclair.

Et, faisant semblant d'examiner la blessure, il prit la tige de bois à deux mains et l'enfonça d'un coup sec dans le corps du monstre. La pointe traversa le cœur et le Manitou-des-Eaux mourut sur-le-champ. Sa peau, sa chair et ses os fondirent, et formèrent un marécage nauséabond.

Sa vengeance assouvie, Rayon-d'Éclair reprit son apparence. Il fit un long voyage au cours duquel il massacra tous les Manitous qu'il rencontra. Puis, estimant que pour le moment il avait pris assez de vies pour remplacer celle de son frère, il regagna son village et s'enferma dans sa cabane.

Les Manitous qui avaient échappé au carnage s'émurent une nouvelle fois. L'un d'eux alla trouver Lumière-du-Matin.

— Ton fils devient impossible, dit-il à la mère de l'incorrigible garçon. Son cœur est plein d'amertume, il tue grands et petits et bientôt il ne restera plus un Manitou vivant.

— Qu'attends-tu de moi ? interrogea la vieille femme.

— Que tu nous dises comment l'apaiser.

— Ce sera difficile, dit Lumière-du-Matin. Vous avez mal agi en supprimant son frère. Le mieux est de vous faire pardonner. Offrez un grand festin en son honneur et faites la paix avec lui. Mais je vous préviens, Rayon-d'Éclair est un gros mangeur, il vous faudra prévoir des mets en abondance.

— Ce sera fait, promit le Manitou.

— En outre, ajouta la vieille femme, je ne l'ai jamais vu avec une femme. Placez donc une jolie fille à son côté, sans doute vous en sera-t-il reconnaissant.

Les Manitous préparèrent une pleine marmite de viande qu'ils firent mijoter sur le feu. Ils parèrent aussi une belle jeune fille et dépêchèrent un messager jusqu'à la cabane de Rayon-d'Éclair. Le choix de cet envoyé extraordinaire avait été tiré au sort, tant la crainte d'affronter le belliqueux jeune homme était grande.

Quand le messager pénétra dans la hutte, Rayon-d'Éclair gisait dans un coin, tassé sur une peau de bête.

— Les Manitous ont préparé un festin en ton honneur, déclara l'envoyé, et ils te prient d'y assister. Il y a une pleine marmite de viande et une jeune beauté te tiendra compagnie.

Rayon-d'Éclair ne répondit pas. Le messager attendit un instant et s'en retourna rendre compte de sa mission.

— Il n'a pas prononcé un mot et ne m'a pas même regardé, déclara-t-il.

— Peut-être qu'une marmite ne lui suffit pas, hasarda un Manitou.

Ils en préparèrent une deuxième et l'ambassadeur repartit.

Rayon-d'Éclair n'avait pas bougé de son coin et paraissait toujours aussi taciturne. L'envoyé lui dit :

— Deux marmites sont sur le feu et nous n'attendons plus que toi.

Mais le jeune homme ne broncha pas. Alors, les Manitous ajoutèrent une marmite aux deux autres. Le messager se précipita.

— Ce sont trois marmites qui t'attendent maintenant, annonça-t-il. Dépêche-toi, elles vont refroidir.

Cette fois, Rayon-d'Éclair émit un vague grognement. À son retour, l'envoyé crut pouvoir avancer :

— J'ai l'impression qu'une marmite de plus provoquerait sa réaction. Il a grogné, c'est bon signe.

Les Manitous remplirent donc une quatrième marmite, et l'ambassadeur courut dire à l'irascible invité :

— C'est maintenant quatre marmites que nous te réservons. La jeune fille a mis ses plus beaux vêtements et elle semble impatiente de te voir.

Rayon-d'Éclair daigna enfin lever les yeux. Il bâilla, s'étira et dit :

— J'irai.

Tous l'attendirent.

Lorsqu'il se présenta dans la demeure des Manitous, il portait un arc, une lance et un lourd tomahawk*. Au lieu d'occuper la place

* Casse-tête, hache de guerre. (Les notes indiquées par des astérisques correspondent à celles de l'éditeur.)

d'honneur, il s'assit près de l'entrée, sa hache sur les genoux et ses autres armes à portée de la main.

— Ne veux-tu pas déposer ces objets ? demanda un Manitou.

Comme il ne répondait pas, on poussa vers lui les quatre marmites et la jeune fille vint se placer à son côté. Rayon-d'Éclair commença à manger. À le voir faire, les Manitous chuchotèrent entre eux :

— Voyez comme il dévore la viande, personne n'en a jamais absorbé autant que lui.

Quand enfin le jeune homme fut rassasié, il ne restait plus une miette de ragoût. Un Manitou prépara une pipe, la tendit à Rayon-d'Éclair et dit alors :

— Nous savons que tu nous accuses d'avoir tué ton frère et nous te comprenons. Néanmoins, le coupable a payé par ta main. Maintenant nous voulons vivre en paix avec toi. La disparition de Buée-de-Brume n'a-t-elle pas provoqué un nombre suffisant de morts ?

Les mains crispées sur le manche de son tomahawk, Rayon-d'Éclair écoutait parler le Manitou. Et, plus il écoutait, plus la colère montait en lui. Pressentant un malheur, la jeune fille se glissa prestement entre l'arme et sa poitrine et entreprit de le caresser.

La fureur de Rayon-d'Éclair tomba instantanément. Rejetant sa lourde hache, il dit :

— Je vois, en effet, qu'il y a un moyen de s'entendre. Le Grand-Esprit va prochainement mettre des hommes sur la terre. Ces êtres seront faibles et auront besoin de nous. J'ai décidé de les aider. En conséquence, je ne combattrai plus les Manitous qui mettront leur puissance magique au service des hommes. En revanche, je détruirai tous ceux qui leur feront du mal. Il vous appartient donc désormais d'être mon ami ou mon ennemi.

Cette harangue provoqua une vive émotion chez les Manitous. Chacun devait savoir s'il aiderait les hommes ou pas.

Certains ne purent oublier les carnages causés par Rayon-d'Éclair. D'autres lui pardonnèrent ses fautes.

Les Manitous se séparèrent donc en puissances bonnes et mauvaises.

De son côté, Rayon-d'Éclair ne put jamais devenir tout à fait bénéfique. Le Grand-Esprit en fit le Manitou-chargé-de-régler-les-Orages. Il amena la prospérité en faisant tomber la pluie. Mais il continua à semer la pagaille en libérant la foudre.

II. INDIENS NAVAJO

LE FRÈRE, LA SŒUR ET L'ÊTRE-ABOMINABLE

Une femme pilait du maïs sauvage pour le repas du soir. Ses deux enfants tannaient une peau à côté d'elle. L'aîné était un jeune garçon ; il s'appelait Bourrasque-du-Soir. La cadette se nommait Tiède-Matin.

Chacun travaillait en silence quand, venant de l'horizon, un bruit terrible fit trembler le sol. Le ciel se couvrit de noirs nuages et des éclairs zébrèrent la terre.

— Vite, cachez-vous ! cria la mère à ses enfants. C'est l'Être-Abominable !

Le frère et la sœur se tapirent derrière une grosse pierre et la mère continua d'écraser son maïs comme si de rien n'était.

L'Être-Abominable était le plus redoutable mauvais génie de la contrée. Il était aussi le plus énorme. Sa tête sans cheveux se perdait dans les nues et il avait de si grands pieds qu'on aurait pu mettre un bison dans chacun de ses mocassins. Il portait une cuirasse faite dans l'écorce d'un chêne et des peaux de bêtes en guise de jambières. Dès qu'il aperçut la mère, il lui demanda :

— Où sont tes enfants, vieille sorcière ? Je suis venu jusqu'ici dans l'intention de les dévorer.

L'Être-Abominable bavait de gourmandise, mais la femme conserva son calme.

— Ils sont partis jouer dans les collines, répondit-elle. Attends que j'aie fini de piler mon grain, je vais te faire des galettes de maïs.

— Tes galettes sont si petites qu'elles seraient juste bonnes à aiguiser mon appétit, déclara l'épouvantable créature. Non, je préfère avaler Bourrasque-du-Soir et Tiède-Matin.

— Dans ce cas, il faudra que tu repasses un peu plus tard, conseilla la mère. Je pense qu'ils rentreront avant la nuit.

— C'est ça, je reviendrai ! affirma le monstre.

Et il s'éloigna en bougonnant. Non sans patauger dans la rivière et sans arracher quelques arbres pour en mâcher les feuilles.

Dès qu'il eut disparu derrière les montagnes, la pauvre femme dit à ses enfants :

— Il va revenir, je le connais, il fouillera partout et vous trouvera. Que pourrions-nous faire ?

— Nous ne pouvons continuer à vivre dans la hantise de cet odieux personnage, dit Bourrasque-du-Soir. Le mieux serait de le tuer une fois pour toutes.

— Cela ne me paraît guère facile, dit la femme. L'Être-Abominable est aussi cruel qu'il est fort. Que pourrais-tu faire contre un tel amas de chair et d'os ?

— D'autant qu'il porte une cuirasse en écorce de chêne, ajouta Tiède-Matin.

— J'y parviendrai malgré tout ! s'entêta Bourrasque-du-Soir.

— Si tu veux essayer, je ne puis t'en empêcher, dit la mère. Mais à ta place, avant de tenter quelque chose, j'irais voir la Femme-Scarabée. Elle est de bon conseil.

— Où habite-t-elle ? interrogea le garçon.

— Elle niche sous une pierre plate, au fond de la vallée, expliqua la femme.

— C'est bon, j'y vais ! déclara Bourrasque-du-Soir.

— Je t'accompagne ! décida Tiède-Matin.

Les deux enfants partirent vers la vallée et trouvèrent la pierre. Bourrasque-du-Soir la souleva et Tiède-Matin appela l'insecte. La Femme-Scarabée sortit de son trou. Elle était très âgée. Elle portait sur son dos une lourde carapace et marchait pliée en deux. Tiède-Matin lui offrit une tige d'herbe bien verte et lui expliqua :

— L'Être-Abominable veut nous manger. Nous devons donc l'anéantir avant qu'il ne mette son projet à exécution. Seulement, il est très puissant et nous ne savons pas comment nous y prendre. Notre mère nous a recommandé de venir te parler de tout cela car il paraît que tu es de très bon conseil.

La Femme-Scarabée retourna longuement le problème dans sa tête et dit finalement :

— Je ne peux malheureusement pas faire grand-chose pour vous. Néanmoins, à votre place, j'irais demander de l'aide à mon père. Un enfant est désarmé sans le secours de son père quand il veut tuer un mauvais génie.

— Sais-tu où nous pouvons le trouver ? questionna Bourrasque-du-Soir. Il vit si loin de nous que ma sœur et moi, nous ne l'avons jamais vu.

— Il habite une cabane derrière les Deux-Falaises-de-Roc, dit la vieille. Mais il n'y est que la nuit. Tout le jour, votre père parcourt la terre d'est en ouest. C'est lui qui porte le soleil.

— S'il en est ainsi, ne perdons pas de temps ! s'exclama le fougueux garçon.

Mais la Femme-Scarabée le tempéra :

— Attends un instant, on ne fait rien de bon dans la précipitation. Prends plutôt ce bâton. Il s'agit d'un morceau de bois magique qui ne se casse pas. Tu en auras besoin pour franchir les Deux-Falaises-de-Roc. Ces murailles de pierre bougent constamment et, si tu places ce bâton entre elles, tu ne seras pas écrasé lorsqu'elles se refermeront sur toi.

Puis la Femme-Scarabée offrit un petit sac de peau à Tiède-Matin.

— Voici pour toi, dit-elle. Dedans il y a du pollen. Après avoir passé les Deux-Falaises-de-Roc, tu arriveras dans la Plaine-des-Sables-Mouvants. Tu devras alors jeter ce pollen devant tes pas pour ne pas être engloutie.

Munis de leurs deux objets magiques, les enfants remercièrent la Femme-Scarabée et partirent dans la direction qu'elle leur avait indiquée. Ils marchèrent longtemps, durant plusieurs lunes. Enfin, un matin, ils arrivèrent en vue des Deux-Falaises-de-Roc.

Les blocs de granit, dressés l'un en face de l'autre, étaient animés d'un mouvement continuel. Ils se resserraient entre eux, s'entrechoquaient dans un bruit épouvantable, se séparaient, jusqu'à reprendre leur place primitive, et recommençaient le même va-et-vient.

Bourrasque-du-Soir attendit que le passage soit ouvert et s'engagea dans le couloir resté libre. Quand les deux murailles voulurent se rejoindre pour l'écraser, il leva son bâton au-dessus de sa tête, à l'horizontale. Les parois rocheuses entrèrent alors en contact avec les extrémités du morceau de bois et se bloquèrent, laissant un étroit espace aux deux enfants.

— Vite ! cria Bourrasque-du-Soir en saisissant la main de sa sœur. Courons jusqu'à l'autre bout, nous y serons en sécurité.

Et c'est ainsi qu'ils franchirent les Deux-Falaises-de-Roc.

Cette première épreuve passée, le frère et la sœur se désaltérèrent à l'eau d'une rivière et reprirent leur marche.

Ils arrivèrent le lendemain devant une vaste étendue plate. Mais le sol, au lieu d'avoir sa consistance habituelle, faisait des vagues comme l'eau d'un lac agitée par le vent.

— Ce doit être la Plaine-des-Sables-Mouvants, dit Bourrasque-du-Soir.

Tiède-Matin ouvrit alors le sac que lui avait donné la Femme-Scarabée et jeta une poignée de pollen sur le sol en mouvement. Instantanément la terre devint dure et un sentier solide s'ouvrit devant les deux enfants. Ils purent ainsi avancer et gagner un endroit plus hospitalier.

Un peu plus loin, le frère et la sœur parvinrent dans une petite vallée. Au bord d'un ruisseau, une cabane de branchages se blottissait parmi les joncs.

— Ce doit être celle de notre père, dit Tiède-Matin. La Femme-Scarabée nous a précisé qu'il n'y venait que le soir, après avoir couché le soleil. Attendons, il ne va plus tarder.

Un grand désordre régnait dans la hutte, comme lorsqu'un homme vit sans femme. Tiède-Matin fit du rangement et alluma du feu.

Puis elle trouva des provisions et prépara un bon ragoût.

— Notre père sera content quand il rentrera, dit-elle.

Quelques instants plus tard, un pas lourd se fit entendre. Un homme grand et fort entra dans la cabane. Il paraissait fatigué, mais ses traits se détendirent lorsqu'il vit ses affaires bien rangées. Et, découvrant le frère et la sœur, il dit avec un sourire :

— Ma hutte n'a jamais été aussi propre. Je présume que je le dois à mes deux visiteurs.

Tiède-Matin baissa les yeux et l'homme comprit que c'était elle qui avait fait le ménage et préparé le repas.

— Si tu es celui qui porte le soleil, nous sommes tes enfants, dit Bourrasque-du-Soir.

— Je suis celui-là, répondit-il, et je suis bien heureux de vous connaître. J'habite si loin de vous que je désespérais de vous rencontrer un jour.

Tiède-Matin servit le ragoût qu'elle avait préparé et le père mangea avec ses deux enfants. À la fin du repas, il alluma une pipe et demanda :

— Comment avez-vous pu arriver jusqu'ici ? La région est particulièrement dangereuse pour des jeunes gens ordinaires.

— Nous avons été aidés par la Femme-Scarabée, dit Tiède-Matin.

— Nous avons besoin de ton aide, ajouta

Bourrasque-du-Soir. L'Être-Abominable veut nous dévorer et nous avons décidé de le tuer. Que peux-tu faire pour nous ?

— Je peux vous confier mon arc et mes flèches, répondit-il.

— Mais l'Être-Abominable possède une cuirasse en écorce de chêne, s'inquiéta Tiède-Matin.

— Cela n'a aucune importance, affirma le père. Vous en viendrez facilement à bout si vous suivez scrupuleusement mes directives.

Il prit un arc et un carquois contenant deux flèches et tendit le tout à Bourrasque-du-Soir.

— Tiens, prends ceci, dit-il à son fils. Tu devras vaincre ta peur et attendre que le monstre soit près de toi. Lorsque tu seras certain de pouvoir l'atteindre à la poitrine, tire en premier la flèche jaune. Elle est faite dans un rayon de soleil. Ensuite, décoche la flèche rouge. Elle est faite dans un éclair. Si tu vises bien, sans trembler, je garantis le résultat.

Le jeune garçon s'empara de l'arc et du carquois. Puis, pour remercier son père, il coupa du bois et en amassa un gros tas sur le côté de sa cabane.

Quand les enfants furent sur le point de partir, le père dit :

— Il est inutile de revenir me dire comment les choses auront tourné. L'arc-en-ciel va d'un bout à l'autre de la terre et me donnera des nouvelles. Je connaîtrai donc votre échec ou votre réussite.

— Nous sommes déjà tristes à l'idée de ne plus te revoir, dit Tiède-Matin.

— Vous penserez à moi toutes les fois que vous verrez le soleil passer dans le ciel, répondit le père. À la condition, bien sûr, que vous en réchappiez.

Décidés à vendre chèrement leur vie, le frère et la sœur s'éloignèrent. Ils traversèrent la Plaine-des-Sables-Mouvants sans encombre. À l'aller, Tiède-Matin avait su économiser son pollen et elle put à nouveau en jeter devant ses pas afin de durcir le sol. Aux Deux-Falaises-de-Roc, le bâton magique avait tenu bon et était encore en place. Le passage était libre et les deux enfants purent le franchir sans aucune difficulté.

Dès que leur mère les aperçut, elle leur cria de loin :

— Venez vite vous mettre à l'abri ! L'Être-Abominable est venu trois fois en votre absence. Il va repasser incessamment et vous devez vous cacher.

— Cela ne sera pas nécessaire, répondit tranquillement Bourrasque-du-Soir. Mon père m'a donné ses armes et je saurai me battre.

Il n'avait pas terminé ces mots qu'un vacarme étourdissant fit trembler la vallée.

— C'est lui, se lamenta la mère. Il revient.

— Placez-vous derrière moi toutes les deux, dit le garçon. Je me charge de cette mauviette.

Le géant redoutable apparut entre deux montagnes. Il semblait énervé au plus haut point. Des flammes sortaient de sa bouche et de la fumée de ses oreilles.

— J'ai faim, grognait-il. Où sont donc Tiède-Matin et Bourrasque-du-Soir ?

— Je suis ici ! cria le jeune garçon.

Le monstre le vit enfin et marcha droit sur lui. Sans reculer d'un pas, Bourrasque-du-Soir le laissa approcher. Lorsqu'il estima qu'il était assez près, il posa la flèche jaune sur la corde de son arc et tira. Le rayon de soleil alla se ficher dans la poitrine de l'horrible créature. Le plastron en écorce de chêne prit feu aussitôt et tomba rapidement en cendres. Alors, Bourrasque-du-Soir mit en place l'éclair rouge et tira une seconde fois. Touché à nouveau en pleine poitrine, le monstre éclata en mille morceaux.

— Bon débarras, dit la mère.

Un arc-en-ciel prit naissance sur le corps éparpillé du mauvais génie et alla se perdre à l'horizon.

— Notre père va savoir que nous avons réussi, dit Bourrasque-du-Soir.

— Et il sera fier de nous, ajouta Tiède-Matin.

La mère fit des galettes de maïs et les deux enfants purent les manger tranquillement.

III. INDIENS OGLALA

L'HOMME QUI NE TENAIT PAS SES PROMESSES

Au tout début du monde, lorsqu'il n'y avait que deux Indiens sur la Terre, le Grand-Esprit pouvait aller de l'un à l'autre afin de s'enquérir de leurs besoins. Mais, quand ils furent plus nombreux, il ne disposa plus d'assez de temps pour les écouter tous. Il planta donc chez les Oglala un grand rocher ayant la forme d'un homme et leur expliqua :

— Les Indiens peuplent toute la terre et je dois maintenant voyager à travers le monde. Si l'un de vous a besoin de mon aide, qu'il le dise à ce rocher. Cet homme de pierre a le pouvoir de communiquer avec moi sur de très longues distances.

Puis il partit rendre visite à la tribu des Cheyenne.

Les Oglala prirent alors l'habitude de converser avec le monolithe lorsque le bison se faisait rare ou la pluie trop abondante. Toujours, en l'absence du Grand-Esprit, le bonhomme de pierre leur accorda une oreille attentive et résolut leurs problèmes.

Ligne-Fourchue n'aimait pas chasser. Il n'aimait pas non plus pêcher. Si bien qu'il vivait pauvrement. Un jour que cet Oglala n'avait rien à manger, il se rendit au pied du grand rocher et lui déclara :

— Je sais que tu es aussi puissant que le Grand-Esprit et que tu peux, si tu le désires, aider les malheureux. Vois comme je suis maigre et affamé. N'auras-tu pas pitié de moi ?

La haute pierre lui répondit :

— Depuis que je t'observe, je ne t'ai guère vu chasser.

— Je ne possède qu'un mauvais arc, se lamenta Ligne-Fourchue, ma lance est émoussée et j'ai perdu mon tomahawk. Sans compter que mes jambes n'ont plus assez de force pour courir après les cerfs.

— Dans ce cas, pourquoi ne pêches-tu pas ? interrogea le rocher.

— Le dernier poisson que j'ai voulu attraper est parti avec mon harpon, dit l'Indien. Un chien a dévoré mes hameçons en os et les fourmis ont élu domicile dans mon filet.

— C'est bon ! Que désires-tu ? demanda l'homme de pierre.

— Je voudrais un petit chevreuil, rien qu'un tout petit. En échange, je te couvrirai de ma couverture en peau de bison. Les nuits fraîchissent en cette période de l'année et tu dois avoir bien froid.

— Garde ta couverture, dit la pierre ; je verrai si je peux favoriser ton vœu.

— Non ! non ! s'écria l'Oglala. Je tiens à te l'offrir. Je ne doute pas que tu en aies plus besoin que moi.

L'Indien recouvrit alors l'homme de pierre de sa couverture toute trouée et sans poils.

— As-tu plus chaud ainsi ? questionna-t-il.

Le monolithe ne répondit pas et Ligne-Fourchue crut que la pierre ne voulait pas alléger son désarroi. Mais, quand il se retourna pour s'éloigner, il buta sur un chevreuil récemment tué. L'Indien le porta aussitôt sous son tepee*, l'écorcha et le mit à cuire.

Alors qu'un tout petit feu grillait lentement la viande, la nuit tomba et une lune neigeuse monta dans le ciel noir. L'Oglala frissonna et songea :

« Pourquoi ai-je déclaré au rocher qu'il avait plus que moi besoin de ma couverture ? A-t-on

* Tente conique faite de peaux de bison cousues et soutenues par des perches en bois.

déjà vu une pierre vêtue d'une peau de bison alors qu'un pauvre homme est glacé jusqu'aux os ? »

Laissant son chevreuil sur le foyer, Ligne-Fourchue courut vers le rocher, reprit sa couverture et la jeta sur ses épaules.

Quand il revint auprès du feu, le chevreuil avait diminué de moitié. L'Indien pensa que cela était dû à la cuisson et ne fit aucun autre commentaire. Il mangea et s'endormit le ventre plein.

À quelques jours de là, Ligne-Fourchue connut à nouveau les affres de la faim. Il se dit :

« Pourquoi ne pas user du procédé qui m'a si bien réussi la dernière fois ? »

Il se rendit auprès de l'homme de pierre et murmura d'une voix mourante :

— J'ai faim, atrocement faim. Ne pourrais-je pas bénéficier encore d'un peu de viande ?

Le rocher interrogea :

— Qu'as-tu donc fait de ton chevreuil ? L'aurais-tu avalé en si peu de temps ?

— C'était une très petite bête, avec peu de chair et de gros os, pleurnicha l'Oglala.

— N'as-tu pas encore réparé tes armes ? s'enquit une nouvelle fois le rocher.

— La corde de mon arc est cassée, il me faudrait un boyau de bison pour m'en faire une autre. Si tu m'en procurais un, tu aurais droit à toute ma reconnaissance…

Puis, comme la pierre semblait hésiter, Ligne-Fourchue proposa :

— Tiens, prends ma couverture. La pluie ne va pas tarder à tomber et avec elle tu seras bien au sec.

L'Indien enroula sa loque autour du monolithe et attendit sa réaction. Au bout d'un moment, comme il ne se passait rien, l'Oglala retourna tristement à son tepee. Lorsqu'il y arriva, il découvrit un bison mort devant l'entrée.

« Ce grand nigaud de bonhomme de pierre a écouté mes jérémiades, pensa-t-il. Profitons de l'aubaine et occupons-nous de ce don inespéré. »

Ligne-Fourchue arracha la peau du bison et la poussa du pied derrière un buisson. Puis il ouvrit le ventre de la bête et jeta les boyaux. Ensuite, il prépara le foyer et entreprit de faire griller l'animal.

Mais l'Indien n'avait pas pris la peine d'amasser du bois ; il n'avait fait qu'un maigre feu et le bison n'en finissait pas de cuire.

C'est alors qu'un orage éclata et qu'une pluie glacée se mit à tomber. Transi jusqu'à la moelle et claquant des dents, l'Oglala songea :

« Quel sot j'ai été d'abandonner ma couverture à un rocher ! A-t-on idée de se démunir de la sorte par un temps pareil ? Une pierre peut recevoir la pluie sans aucun dommage, alors que je risque la mort. »

Fort de ce raisonnement, Ligne-Fourchue se précipita au pied du monolithe et reprit sa couverture.

De retour à son tepee, l'Indien resta cloué sur place et ses yeux s'écarquillèrent de stupeur. Le feu était bien là, la broche aussi, mais le bison avait disparu. Seule subsistait une bonne odeur de viande grillée.

Ligne-Fourchue comprit enfin que l'homme de pierre l'avait puni pour ne pas avoir tenu parole. Il se dit :

« J'ai été réellement stupide. Pourquoi n'ai-je pas mangé le bison tout entier avant d'aller rechercher ma couverture ? »

Il retourna voir le grand rocher, quémanda, pleura, fit part de ses regrets. Mais rien n'y fit. L'homme de pierre ne l'écouta pas et ne fit plus jamais apparaître de gibier pour lui.

Alors, Ligne-Fourchue dépérit, maigrit et devint un squelette. Il erra longtemps à la recherche d'un autre homme de pierre. Mais ses forces le trahirent, il n'en trouva pas et tomba en poussière.

Depuis ce jour les Oglala ont beaucoup appris. Aujourd'hui, dans la crainte de ne pas mériter les bontés du Grand-Esprit, ils préfèrent ne rien lui réclamer et le remercier si, par hasard, il leur accorde quelque bienfait.

IV. INDIENS CHEYENNE

L'AMI DES AIGLES

Plus-qu'un-Chien habitait un grand tepee avec sa mère et ses deux sœurs. Son père avait été tué par un ours et le jeune homme chassait maintenant à sa place. Un jour qu'il suivait la trace d'un cerf, il découvrit un aigle blessé tapi dans un buisson. Il le rapporta chez lui, le soigna et fabriqua une cage. Puis il mit l'aigle dedans pour le soustraire aux renards et aux coyotes.

À partir de ce moment, le jeune garçon ne chassa plus que pour nourrir l'aigle. Celui-ci guérit et prospéra. Mais, voyant la sollicitude dont leur frère entourait l'oiseau, les sœurs en devinrent jalouses. Un soir, alors que se terminait la Lune-des-Feuilles-Brunes, l'aînée dit :

— Les vivres diminuent et Plus-qu'un-Chien ne pense plus qu'à ce volatile. Si cela continue, nous mourrons de faim à la Lune-où-la-Neige-entre-dans-les-Tepees.

— Ouvrons la cage et l'oiseau s'en ira, suggéra la cadette.

— Non, l'aigle ne partira pas. Il est visible qu'il s'est pris d'amitié pour notre frère, dit l'aînée.

— Dans ce cas, il ne reste plus qu'à le tuer, ajouta la cadette.

— Ce serait le meilleur moyen de voir à nouveau notre frère chasser pour nous, acquiesça l'aînée.

Le lendemain, les deux sœurs étaient parties cueillir des baies lorsque Plus-qu'un-Chien revint avec un jeune bison. Il l'offrit à l'oiseau, mais celui-ci le regarda à peine.

— Qu'as-tu ? interrogea le chasseur. Tu n'as donc pas faim ?

— Je suis bien trop triste pour songer à manger, répondit l'aigle. Tes sœurs veulent me tuer, j'ai entendu leur conversation. Je dois partir d'ici au plus vite.

— Je ne veux pas me séparer de toi, dit Plus-qu'un-Chien.

— Préfères-tu que tes parentes me coupent le cou ? questionna l'oiseau. Allons, ouvre cette cage si tu éprouves quelque amitié pour moi.

— Soit, décida Plus-qu'un-Chien, mais je t'accompagne !

Il prit de la viande séchée qu'il mit dans un sac. Puis il ouvrit la cage. L'aigle sortit, étendit ses longues ailes blanches pour se dégourdir et dit :

— Puisque tu as décidé de m'accompagner, le mieux est encore que tu montes sur mon dos. Cramponne-toi à mes plumes afin de ne pas tomber. Notre voyage sera long et peut-être périlleux.

Plus-qu'un-Chien s'exécuta. L'oiseau battit des ailes et s'éleva dans les airs. Lorsqu'ils passèrent au-dessus du bois où les deux sœurs cueillaient des baies, la cadette leva les yeux et aperçut son frère juché sur l'animal. Elle s'écria :

— C'est Plus-qu'un-Chien monté sur un aigle ! Où va-t-il donc ?

Les deux filles l'appelèrent, mais il ne répondit pas.

L'aigle monta et quitta le premier ciel, là où vivent les petits oiseaux. En franchissant le plafond cotonneux des nuages, il parvint dans le second et parcourut le domaine des corbeaux. Des remous d'air le secouèrent et on put craindre un instant que le vent n'arrachât ses plumes. Cependant, il monta encore et arriva au troisième ciel. Cet endroit était réservé aux aigles et un grand calme y régnait. Sur un vaste nuage plat, des tepees étaient dressés en rond. L'oiseau se dirigea vers l'un d'eux, se posa, et Plus-qu'un-Chien put descendre de sa monture.

L'aigle saisit alors un couteau de silex, fendit de bas en haut sa peau emplumée et apparut sous la forme d'une belle jeune fille.

— Je me nomme Vent-du-Matin, dit-elle en souriant.

Plus-qu'un-Chien n'eut pas le temps d'ouvrir la bouche pour dire son étonnement ; un vent violent, suivi d'un grand bruit d'ailes, le fit se retourner. Les aigles du village revenaient de la chasse. Ils tenaient tous dans leurs serres une pièce de gibier qu'ils déposèrent devant chaque tepee. Puis, comme l'avait fait Vent-du-Matin, ils ôtèrent leur enveloppe de plumes et apparurent sous les traits de trente hommes et de trente femmes.

La jeune fille alla voir celui qui paraissait être le chef et lui parla à l'oreille. Ce dernier l'écouta longuement et dit à Plus-qu'un-Chien :

— Tu es venu en aide à l'un des nôtres, tu peux donc vivre parmi nous. Cela te donne le droit d'épouser Vent-du-Matin si tu en as envie, mais tu dois pour cela devenir un aigle.

Plus-qu'un-Chien déclara qu'il voulait devenir un aigle lui aussi afin de prendre pour femme la jolie jeune fille. Alors, Vent-du-Matin tanna une grande peau d'élan. Un oiseau donna une plume de son aile droite. Un autre offrit une plume de son aile gauche. Un autre encore arracha un peu de duvet de son cou et une plume de sa queue. La jeune fille cousit finement les plumes sur la peau et en fit une enveloppe d'aigle qu'elle tendit à Plus-qu'un-Chien. Celui-ci l'essaya aussitôt et se déclara satisfait.

— Elle me va parfaitement, annonça-t-il.

Il épousa Vent-du-Matin sur-le-champ et se mit à vivre comme un aigle. Afin de lui apprendre à voler, sa femme le conduisit sur une hauteur. Elle lui montra à bien tendre ses ailes et à battre l'air en cadence. Puis elle dit :

— Lance-toi dans le vide maintenant.

Le jeune homme le fit sans aucune crainte et s'aperçut qu'il volait comme un oiseau. Il s'entraîna plusieurs jours et devint très vite d'une grande habileté. Il pouvait planer, piquer et reprendre de la hauteur.

Un matin, son épouse décida de l'emmener à la chasse. Ils traversèrent le ciel habité par les corbeaux et gagnèrent celui des petits oiseaux. Pendant qu'ils effectuaient de grands cercles à la recherche d'une proie, Plus-qu'un-Chien reconnut le village où demeuraient sa mère et ses sœurs. Il vit aussi le buisson où il avait trouvé sa jeune femme blessée.

Vent-du-Matin captura un bison. Mais cette manière de chasser était encore nouvelle pour Plus-qu'un-Chien. S'il pouvait fondre sur une proie, il ne savait pas tuer un lapin d'un seul coup de bec ou attraper au vol un dindon dans ses serres. Après plusieurs essais infructueux, le jeune homme voulut se reposer. Cette première chasse l'avait épuisé et il sentait son cœur battre à grands coups sous son revêtement de plumes. Afin d'être plus à l'aise pour s'allonger sur l'herbe, il fit ce qu'aucun aigle n'aurait osé faire sur la terre des hommes : il ôta son enveloppe d'oiseau et s'assit au bord d'un ruisseau à l'ombre d'un saule. Mais, craignant qu'un chasseur ne survienne, son épouse le força à se rhabiller. Et, emportant le bison qu'elle avait tué, elle l'entraîna vers le ciel.

Le retour fut pénible. Plus-qu'un-Chien n'avait pas pu se reposer et il sentait son énergie décliner. Lorsque enfin le couple arriva devant son tepee, le jeune homme dut manger pour reprendre des forces. Il termina la viande fumée qu'il avait prise chez sa mère avant de quitter les siens.

Le lendemain, avant de repartir chasser, Vent-du-Matin avala un gros morceau de bison cru. Comme son époux n'en prenait pas, elle lui dit :

— La journée sera encore pénible et tu dois te restaurer. Ce bison ne te plaît-il pas ?

— Je ne parviens pas à manger de la viande crue et je n'ai plus de nourriture fumée, répondit le jeune homme.

— Essaie de t'y habituer, comme tu l'as fait pour voler, conseilla Vent-du-Matin.

Plus-qu'un-Chien tenta de mâcher et d'avaler la chair du bison tué la veille, sans pouvoir y parvenir. Il dut s'envoler le ventre creux, au grand désespoir de sa femme.

Et il en fut ainsi les jours suivants. Lorsqu'il gagnait la terre des hommes, le garçon cueillait des baies dans les buissons. Hélas, il n'osait jamais s'attarder, de peur d'être tué par un chasseur. À ce régime, Plus-qu'un-Chien dépérit très vite. Et sa faiblesse devint si grande qu'un matin il dut rester sous son tepee. Il dit alors à son épouse :

— Je dois te quitter et j'en suis bien triste. Si je restais ici, je mourrais rapidement, faute de nourriture. Le mieux que je puisse faire est de regagner le pays des hommes.

— Attends encore un peu et ne bouge pas en mon absence, dit Vent-du-Matin. Je vais parler à nos amis.

Les aigles tinrent conseil et le chef déclara :

— Nous devons aider Plus-qu'un-Chien, sinon il tombera malade. Nous allons allumer un grand feu afin que sa femme puisse faire cuire ses aliments.

— Mais il n'y a rien à brûler sur ce nuage, objecta un jeune oiseau dont le duvet poussait à peine.

— En dépit des périls que cela comporte, nous allons donc nous rendre sur terre, expliqua le chef. Ce soir nous en reviendrons chargés de feuilles sèches, d'écorce et de branches d'arbres.

Ils partirent.

Quand ils revinrent à la nuit tombée, ils élevèrent un énorme bûcher et y mirent le feu. Puis les aigles battirent des ailes pour activer les flammes. Vent-du-Matin alla chercher une cuisse de son bison et la posa devant le feu. Mais, à ce moment, une fumée épaisse et noire s'éleva du foyer. Les plumes des oiseaux en furent imprégnées et devinrent grises. Le chef des aigles réagit aussitôt et s'écria :

— Cessez de faire du vent. Nous avons commis une erreur en allumant du feu sur notre nuage. Ce matin encore nous étions blancs et nous voilà tout gris. Nous ne pourrons plus nous confondre avec la couleur des nuages et nous chasserons plus difficilement.

Plus-qu'un-Chien reconnut le bien-fondé de cette remarque et dit au chef :

— Je vous donne bien du tourment en ne pouvant manger comme vous. Toutefois, cela m'a donné une idée. Je crois que je vais pouvoir continuer à vivre parmi vous et à me nourrir selon mon habitude.

Réunissant ses dernières forces, Plus-qu'un-Chien s'envola et alla se poser dans un petit bois près de son ancien village. Il quitta son enveloppe d'aigle et se rendit jusqu'au tepee de sa mère et de ses deux sœurs.

Les trois femmes mangeaient des racines qu'elles avaient eu bien du mal à déterrer. Considérant cette misérable pitance, le jeune homme éprouva beaucoup de peine.

— Tiens, notre frère est revenu, dirent les sœurs.

— Apportes-tu du gibier avec toi ? demanda la mère. Nous avons faim.

— Vous en aurez si vous acceptez mes conditions, assura le garçon. Mais, avant, il faut que mes sœurs promettent de ne plus jamais faire de mal à un aigle. Le jour où j'ai trouvé un aiglon blessé, j'ai pu éviter le pire en m'enfuyant avec lui.

Les sœurs déclarèrent qu'elles n'auraient plus d'aussi mauvaises pensées.

— Dans ce cas tout est parfait, dit Plus-qu'un-Chien. En conséquence, c'est un aigle qui vous apportera de la viande. Vous la ferez cuire ou fumer et vous l'inviterez à manger.

Les femmes acceptèrent cet arrangement et promirent que l'invité n'aurait pas à se plaindre d'elles. Rassuré, Plus-qu'un-Chien regagna le petit bois et revêtit son habit d'aigle. Ensuite, il prit son envol, tua un daim et le porta à ses parentes. Les sœurs reçurent l'oiseau poliment et lui offrirent la meilleure place près du foyer. Elles firent cuire le daim instantanément et en servirent une grosse part à l'aigle. Plus-qu'un-Chien put ainsi prendre son repas en famille et retrouver des forces. Lorsqu'il eut terminé, il remercia les trois femmes et partit rejoindre ses amis les aigles.

Et c'est ainsi que le jeune homme put manger à sa faim et continuer à vivre comme il le voulait. Une seule fois, sa sœur aînée lui demanda :

— Qui es-tu et d'où viens-tu ?

Mais l'aigle ne répondit pas. Le lendemain et tous les autres jours, il fit semblant d'être muet.

Et les autres aigles, ayant appris ce qui s'était passé, l'imitèrent.

V. INDIENS ZUNI

LES JUMEAUX IMPÉNITENTS

Cet événement extraordinaire eut lieu à une époque où la vie n'était pas aussi difficile qu'elle le devint par la suite.

Un beau jour, bien que dépourvue de mari, une vieille femme se retrouva enceinte. Comme elle avait un ventre énorme et qu'elle en souffrait beaucoup, elle alla demander conseil au Sorcier. Celui-ci fit brûler des aiguilles de pin bien sèches et regarda dans quelle direction partait la fumée.

— Elle se dirige vers le sud-ouest, dit-il à la vieille. Tu attends donc des jumeaux.

— Et pourquoi ai-je si mal ? s'enquit-elle.

Le Sorcier colla son oreille contre le ventre de la mère, écouta longuement et déclara :

— Ils jouent avec tes boyaux, c'est pour cela que tu ressens une douleur. Ces enfants sont très précoces et j'ai l'impression que tu auras beaucoup de mal à les élever.

Un peu plus tard, lorsque les bébés vinrent au monde, la femme s'aperçut qu'ils ne cessaient pas pour autant de jouer. C'est tout juste s'ils prenaient le temps de téter. Ils se donnaient constamment des coups de pied, se faisaient des grimaces et des niches de toutes sortes. Ils étaient si turbulents que la mère décida finalement de les appeler Vive-Lumière et Source-de-Bruit.

Quand les jumeaux atteignirent l'âge de chasser, ils se fabriquèrent deux arcs et des flèches. Mais, au lieu de traquer le gibier, ils s'amusèrent à tirer sur les arbres, sur les chiens et tous les gens qui passaient à leur portée. Ils n'avaient vraiment que folie en tête et leurs plaisanteries ne furent pas sans créer quelques dommages. En revanche, quelques-uns de leurs jeux eurent des suites heureuses. Le jour par exemple où ils prirent pour cible le Monstre-à-la-Gueule-Fourchue et le tuèrent accidentellement.

En dehors de cela, les deux garnements n'aidaient leur vieille mère que dans des cas exceptionnels. Ou quand ils ne pouvaient faire autrement. Ils préféraient cacher des crapauds dans ses mocassins et glisser des porcs-épics sous sa couverture.

Un jour d'orage, alors que la terre avait besoin d'eau, ils montèrent sur le mont qui s'érigeait en bordure du village pour regarder tomber la pluie. Les éclairs illuminaient le ciel et de sourds grondements faisaient trembler le sol. C'est alors que Source-de-Bruit remarqua :

— Comme ce serait amusant de posséder la foudre et le tonnerre !

— Rien n'est plus facile, affirma Vive-Lumière. Il suffit d'aller vers le sud, là où vivent les Esprits-du-Temps, et de les leur dérober.

— Ce sont peut-être des jeux dangereux, hasarda Source-de-Bruit.

— Je ne le pense pas, dit son frère. Sinon les Esprits-du-Temps se divertiraient avec autre chose.

Convaincu par la logique du raisonnement, Source-de-Bruit adopta les vues de son frère et tous deux partirent en direction du sud.

Ils marchèrent toute une lune, traversèrent des plaines, des marais et des collines. Parvenus enfin devant un mur de roc, ils surent qu'ils étaient arrivés et décidèrent de se reposer.

Les Esprits-du-Temps habitaient une caverne creusée dans le flanc abrupt d'une haute montagne et aucun chemin ne permettait d'y accéder.

— Nous ne pourrons jamais entrer chez eux, dit Source-de-Bruit.

— J'en ai bien l'impression, répondit Vive-Lumière. C'est pour cela que nous allons demander au mille-pattes de nous aider.

Et, mettant ses mains en porte-voix, il cria :

— Ohé, ami mille-pattes ! Sors de ta cachette, j'ai un service à te demander.

L'animal sortit de derrière un gros rocher.

— Je dormais à l'ombre, dit-il. Que puis-je faire pour vous ?

Le mille-pattes était gigantesque et Vive-Lumière dut lever la tête pour lui parler. Prenant le ton de la flatterie, il lui déclara :

— Nous faisons appel à toi car nous connaissons tes prodigieuses capacités. Nous sommes devant un problème insoluble et toi seul peux le résoudre.

Le mille-pattes se rengorgea et écouta ce que Vive-Lumière avait à lui demander. Mais, quand il sut de quoi il s'agissait, il s'écria :

— Vous êtes fous ! La foudre et le tonnerre ne sont pas des jouets.

Le garçon dut insister et plaida si bien sa cause que l'animal accepta de faire ce qu'on lui demandait.

Toutes pattes en mouvement, il escalada la paroi verticale en évitant les obstacles. Parvenu à la hauteur de la caverne, il s'infiltra par l'entrée et disparut un court instant. Lorsqu'il réapparut, il tenait une courte lance et une petite pierre ronde.

— Il a réussi ! s'exclamèrent les deux jeunes gens.

Après que le mille-pattes fut redescendu, il tendit aux jumeaux les objets qu'ils convoitaient. Ceux-ci lui offrirent une châtaigne pour le remercier, puis ils partirent en courant.

Le mille-pattes ne put malheureusement pas manger la châtaigne : dans leur précipitation, les deux frères n'avaient pas pris le temps de la sortir de son enveloppe hérissée de piquants.

Dès qu'ils aperçurent le mont qui dominait leur village, les deux drôles entreprirent de cacher leur larcin. Vive-Lumière dissimula la lance dans son dos en la glissant dans sa ceinture, et Source-de-Bruit mit la pierre sous son vêtement de peau.

Mais, quand ils entrèrent chez eux, la vieille ne fut pas dupe. Rouge de colère, elle s'écria :

— Qu'avez-vous encore fait, petits misérables ? Quelle est cette enflure que tu as sur le ventre, Source-de-Bruit ? Et toi, Vive-Lumière, pourquoi te tiens-tu raide comme un piquet ? Ma parole, vous avez volé la foudre et le tonnerre !

Se sachant découverts, les jumeaux s'enfuirent. Une fois dehors, Vive-Lumière propulsa sa lance vers le ciel et Source-de-Bruit jeta sa pierre contre un rocher. Un éclair illumina la terre et un bruit assourdissant roula dans la vallée. Effrayée, la vieille femme cessa sa poursuite et alla se barricader chez elle.

Les deux enfants gravirent alors le mont. Arrivés au sommet, ils s'amusèrent à jeter en l'air la pierre et la lance. De gros nuages noirs s'amoncelèrent au-dessus du village. Des éclairs zébrèrent les nues et des coups de tonnerre secouèrent les habitations. Et la pluie se mit à tomber à flots. Et plus elle tombait, plus les jumeaux prenaient plaisir à leur jeu. Les rivières se changèrent en torrents, la plaine fut inondée, et l'eau monta bientôt dans la cabane de la vieille femme. Comme son niveau atteignait ses épaules, la mère dut se jucher sur une bûche pour ne pas être submergée.

Mais, inconscients des conséquences de leurs actes, les enfants continuaient à s'amuser follement. Ils lançaient si fort et si haut la pierre et la lance que l'orage se changea en tempête. La pluie redoubla, l'eau atteignit le plafond chez la vieille et celle-ci se noya.

Lorsque enfin les jumeaux eurent épuisé les ressources de leur nouveau jeu, ils s'assirent sur le sol et soufflèrent un peu. Puis ils s'aperçurent qu'ils étaient affamés.

— Allons demander à manger à notre mère, dit Vive-Lumière.

Les eaux avaient baissé et ils purent courir jusqu'à la cabane sans se mouiller les pieds. Mais, alors qu'ils s'attendaient à trouver leur vieille mère bien en vie, ils ne découvrirent que son cadavre.

Les deux enfants dressèrent la morte contre une cloison, la secouèrent, lui crièrent des encouragements dans les oreilles. Toutefois, la femme ne revint pas à la vie et Vive-Lumière se lamenta :

— C'est nous qui avons tué notre mère.

— Un mort a séjourné ici et cet endroit est maintenant impur, ajouta tristement Source-de-Bruit. Nous devons quitter cette habitation et ne plus y revenir.

Ils partirent donc, emmenant avec eux la pierre et la lance.

Aujourd'hui encore, personne ne sait où ils se sont réfugiés.

Pour le punir de sa complicité, le Grand-Esprit transforma le mille-pattes en un tout petit animal. Mais cela ne changea rien à l'affaire. Les jumeaux possèdent toujours la lance et la pierre et s'en servent lorsqu'ils s'ennuient. Alors qu'à l'époque des Esprits-du-Temps la pluie tombait régulièrement toutes les fois que la terre le réclamait, elle ne le fait plus maintenant que très irrégulièrement. Suivant leur humeur du moment, les jumeaux peuvent tout aussi bien provoquer la sécheresse qu'une inondation.

VI. INDIENS HOPI

LE DANSEUR KATCHINA ET SA FEMME

Une jeune fille, nommée Ses-Pieds-sont-un-Murmure, habitait à la périphérie d'un petit village. Les hommes à la recherche d'une épouse tentaient de la courtiser car elle était très belle. Il ne se passait pas un jour sans que l'un d'eux vienne déposer un présent devant chez elle. Mais la douce enfant les refusait tous et ne regardait jamais aucun de ses prétendants.

Une seule chose comptait pour Ses-Pieds-sont-un-Murmure : danser pour remercier les Bons-Génies lors des nombreuses fêtes de la belle saison.

À l'autre bout du village, un jeune homme vivait avec sa grand-mère. Il s'appelait Visage-d'Esprit. Sa vieille parente lui avait si bien appris à danser qu'il était devenu un katchina*. Seul un katchina pouvait porter un masque sacré au cours des danses rituelles.

La grande cérémonie des épis de maïs approchait et, durant cette fête, Visage-d'Esprit allait devoir danser plusieurs jours d'affilée. Afin d'acquérir l'endurance nécessaire, le jeune homme faisait une longue course chaque matin avant le lever du soleil. Vêtu de son lourd costume de danse, il décrivait une large boucle dans la vallée et rentrait chez lui en passant devant l'habitation de Ses-Pieds-sont-un-Murmure.

Un matin, alors que la jeune fille était sur le toit de son kiva**, Visage-d'Esprit l'aperçut. Il s'arrêta et lui dit :

— Tu es bien jolie. Comment se fait-il que je ne t'aie jamais vue auparavant ?

— Je sors peu, répondit la belle.

— C'est bien dommage, dit le garçon.

— Tu passes chaque jour devant mon kiva, remarqua la jeune fille.

— Je cours pour devenir résistant, car je dois danser lors de la prochaine fête, expliqua Visage-d'Esprit.

* Esprit des ancêtres, intermédiaire entre les dieux et les hommes.

** Salle souterraine où les hommes s'assemblent pour parler et prier.

— Est-ce un habit de katchina que tu portes ? interrogea Ses-Pieds-sont-un-Murmure.

— Oui, c'est ma vieille grand-mère qui l'a confectionné.

— Confie-le-moi un instant et je te montrerai que je sais danser aussi.

La jeune fille descendit de son toit et Visage-d'Esprit lui donna son costume. Ses-Pieds-sont-un-Murmure enfila le vêtement et exécuta les pas destinés à faire lever le soleil. Mais, quand l'astre du jour lança ses premiers rayons sur la terre, la fille courut s'enfermer chez elle en criant :

— Tu peux regagner ton logis maintenant, je garde ton costume.

Surpris, Visage-d'Esprit alla conter l'histoire à sa grand-mère. Celle-ci entra dans une grande colère et s'écria :

— J'ai l'impression que cette fille veut t'attirer à elle. Demain tu retourneras la voir et tu lui réclameras ton habit de cérémonie.

— Pourquoi ne le lui donnerais-je pas ? questionna le garçon.

— Je n'ai ni le temps ni les moyens de t'en fabriquer un second, répondit la vieille. Tiens, voici une plume. Demande-lui de danser encore et promets-lui qu'en échange tu lui donneras cette plume. Lorsqu'elle sera à portée de ta main, arrange-toi pour récupérer ton vêtement.

Le lendemain, Visage-d'Esprit se rendit au kiva de Ses-Pieds-sont-un-Murmure. La jeune fille était sur son toit, revêtue du costume de katchina. Le garçon cria dans sa direction en brandissant la plume :

— Danse encore une fois pour moi et ce présent sera à toi.

Ses-Pieds-sont-un-Murmure exécuta le pas réservé aux amoureux. Visage-d'Esprit la contempla avec admiration Lorsqu'elle eut fini, elle réclama la plume.

— Tu dois venir la chercher, cria-t-il à nouveau, elle est bien trop légère pour que je puisse te la lancer.

La belle descendit et tendit la main vers la superbe plume blanche tachetée de bleu. Mais, au moment où elle allait la saisir, un souffle de vent l'emporta. La jeune fille courut après. Hélas, toutes les fois qu'elle allait l'attraper, le vent se levait et la faisait voler plus loin.

Quand elle put enfin la serrer entre deux doigts, Visage-d'Esprit lui dit :

— Tu dois maintenant tenir parole et me rendre mon costume.

La fille se déshabilla et tendit le vêtement au jeune homme. Et c'est ainsi que Visage-d'Esprit put contempler Ses-Pieds-sont-un-Murmure entièrement nue.

Il en fut ébloui et demeura tout le restant du jour perdu dans ses pensées. Le soir, il dit à sa grand-mère :

— Je veux épouser Ses-Pieds-sont-un-Murmure.

— Elle refuse tous les hommes, dit la vieille. Qu'est-ce qui te fait croire qu'elle t'acceptera pour mari ?

— Je l'ai vue nue, répondit le garçon.

— C'est en effet très bon signe, admit la grand-mère. Dans ce cas, va la trouver et pose-lui la question.

Le soir même, Visage-d'Esprit se rendit au kiva de sa bien-aimée. Une peau en fermait l'entrée.

— Es-tu là ? demanda le jeune homme d'une voix forte.

— Je ne laisse jamais personne entrer ici, répondit Ses-Pieds-sont-un-Murmure de l'intérieur.

— C'est moi, Visage-d'Esprit, insista le garçon. Je veux t'épouser.

Alors, la peau glissa sur le côté et la jeune fille apparut. Visage-d'Esprit l'emmena chez sa grand-mère et en fit sa femme.

Puis, après un temps convenable, il alla vivre chez son épouse comme le voulait l'usage.

Le jour de la fête des épis de maïs, ils dansèrent ensemble afin de remercier les Bons-Génies. Et le temps coula, apportant des jours paisibles.

Mais les hommes du village étaient jaloux du bonheur de Visage-d'Esprit. Aucune femme n'égalait en beauté Ses-Pieds-sont-un-Murmure, et les soupirants évincés complotèrent contre son mari. Ils décidèrent d'une expédition guerrière contre les Navajo afin d'avoir une occasion de se débarrasser de lui.

La nuit qui précéda le départ, Ses-Pieds-sont-un-Murmure fit un rêve qui lui dévoila le complot. Lorsque son époux se fut éloigné avec les Braves de la tribu, elle dansa pour invoquer la pluie. Un orage éclata et l'eau tomba du ciel. Devant l'importance et la persistance du déluge, le Chef-de-Guerre de l'expédition dit à ses Braves :

— Nos tenues de bravoure sont déjà détrempées par la pluie, nos ennemis vont se moquer de nous.

— Comment allons-nous pouvoir combattre si les plumes de nos coiffes sont imbibées d'eau ? Elles vont assurément perdre leurs facultés magiques.

Dans la crainte du ridicule et d'une incertaine victoire, les guerriers convinrent de rebrousser chemin. Après qu'ils eurent fait quelques pas, les nuages noirs s'éloignèrent et la tempête cessa.

Mais les hommes n'avaient pas renoncé à tuer Visage-d'Esprit. Ils attendirent de passer à proximité d'une gorge profonde et le jetèrent dans le précipice. Visage-d'Esprit roula jusqu'au fond et heurta un gros rocher. Le choc fut si violent que ses yeux sortirent de sa tête et tombèrent à côté de lui. Satisfaits, les Braves l'abandonnèrent et rentrèrent au village en disant qu'il s'était perdu.

La nuit suivante, Ses-Pieds-sont-un-Murmure vécut la scène affreuse au cours d'un songe. Elle se précipita jusqu'au gouffre et y découvrit Visage-d'Esprit inanimé. Comme ses yeux gisaient sur une pierre plate, elle les essuya et les replaça dans leurs orbites. Tout ragaillardi, le jeune homme se remit sur ses jambes et regagna le village en compagnie de sa bien-aimée.

À partir de ce jour, les hommes soupçonnèrent le couple de posséder un pouvoir surnaturel et aucun d'eux ne chercha plus à lui porter ombrage. Visage-d'Esprit ne se vengea pas pour le mauvais traitement qui lui avait été infligé. Il préféra emmener sa femme faire un long voyage afin d'aider les gens dans le besoin. Dans un village ils dansèrent pour faire briller le soleil. Dans un autre, pour faire verdir les plaines. Dans un autre encore, pour faire pousser des baies aux buissons et faire chanter les oiseaux.

Ils ne dansèrent jamais que pour obtenir de bonnes choses.

Lorsqu'ils arrivèrent à la fin de leur vie, ils furent placés ensemble dans le nid douillet des pétales d'une fleur. Car c'est dans les fleurs que vivent les Bons-Génies après leur mort.

VII. INDIENS CHIPPEWAY

LA FEMME QUI ÉPOUSAIT N'IMPORTE QUI

La Lune-des-Oies-Grises revenait, et avec elle la belle saison. Les élans avaient perdu leur poil d'hiver et l'hermine retrouvait sa toison brune.

Une tribu d'Indiens Chippeway se dirigeait vers le sud à la recherche de troupeaux de bisons. Une femme portait un lourd fardeau. Une lanière de son bagage cassa, puis une autre, et tout le chargement s'éparpilla sur le sol. La femme, qui s'appelait Quatre-Vents, s'arrêta afin de remettre ses affaires en place. Son époux lui demanda :

— Veux-tu que je t'aide ?

Elle répondit :

— Ce n'est pas nécessaire. Pars devant, je te rejoindrai.

Et la caravane disparut bientôt au détour d'un petit bois.

Un loup passa à côté de la femme et la remarqua. Il lui dit :

— Tu ferais mieux de m'accompagner et de m'épouser. Les loups ne portent jamais de charge, et ce sera pour toi tout avantage.

Quatre-Vents acquiesça. Mais comme elle était enceinte, et que le loup ne voulait pas adopter l'enfant d'un homme, il lui ouvrit le ventre avec son couteau et posa le bébé sur l'herbe.

Après cela, l'animal et la femme partirent à la rencontre d'une bande de loups.

Le lendemain, le premier mari revint sur ses pas pour chercher sa femme. Il trouva l'enfant. Et, comme la mère avait disparu, il emporta le nouveau-né dans la tribu des Chippeway.

À la Lune-des-Fleurs-Odorantes, Quatre-Vents mit au monde un petit louveteau. Quelque temps plus tard, des crocs de loup poussèrent dans la bouche de la jeune femme. Elle n'y fit pas attention et continua à bien soigner son bébé.

Un jour, son deuxième époux s'en alla chasser. Ne pouvant supporter de rester seule, Quatre-Vents prit son louveteau entre ses bras et partit voir les castors. Parvenue au bord de la rivière, un grand mâle l'interpella :

— Deviens mon épouse et je te ferai vivre dans ma nouvelle hutte. J'y ai amassé beaucoup de victuailles.

Quatre-Vents accepta et suivit l'animal. Cependant, comme le castor ne voulait pas se charger de l'enfant d'un loup, elle dut l'abandonner sur le rivage.

La femme vécut donc avec son troisième mari et, à la Lune-des-Baies-Bien-Mûres, elle lui donna un fils.

À quelque temps de là, Quatre-Vents s'aperçut qu'une queue poussait dans le bas de son dos. Mais, comme cette excroissance ne la gênait pas trop pour s'asseoir, elle n'y prêta guère attention et continua d'allaiter convenablement son fils.

À l'approche des frimas, les castors durent réparer leur digue et désertèrent les huttes. Ne pouvant supporter l'absence de son mari, Quatre-Vents se rendit dans la forêt en quête d'une compagnie.

Aux abords d'une grotte, elle rencontra un ours. La trouvant à son goût, le plantigrade lui déclara :

— Consens à devenir ma femme et tu n'auras aucun souci cet hiver. Ma maison est chaude et je pourvoirai à ta nourriture.

Heureuse de l'aubaine, Quatre-Vents entra dans la caverne et s'y installa.

À la Lune-où-le-Gel-pose-des-Perles-sur-les-Branches, elle accoucha d'un petit ourson. Puis, à l'approche des grands froids, son corps se couvrit d'une épaisse toison. Comme Quatre-Vents était de nature frileuse, elle trouva la chose agréable et nicha son jeune enfant dans ses poils.

C'est alors que l'ours s'endormit pour son long sommeil. Lorsqu'il fit entendre son sourd ronflement, la femme tenta de le réveiller. Elle le secoua tant et plus, mais il resta inerte comme une souche.

Souffrant de se sentir abandonnée, Quatre-Vents sortit de la caverne et marcha à l'aventure en laissant son bébé auprès de son mari.

C'était l'époque des grandes chasses chez les Chippeway. Lorsque les hommes de la tribu pénétrèrent dans le sous-bois, ils découvrirent la femme. Elle errait comme une âme en peine. En dépit de ses dents de loup, de sa queue de castor et de son pelage d'ourse, son premier mari la reconnut. Par politesse, il ne lui adressa aucune réflexion au sujet de son étrange aspect et l'emmena sous son tepee.

Là, parmi les siens, Quatre-Vents retrouva son enfant humain. Mais, au lieu d'en être heureuse, elle se mit à pleurer. Quand on l'interrogea sur les raisons de sa tristesse, elle ne fit que se lamenter :

— Où est mon bébé loup ? Et mon petit castor ? Pourquoi me suis-je séparée de mon ourson ?

Son époux soupçonna ce qui était arrivé et lui dit pour la consoler :

— Oublie le passé. Tu es maintenant chez les hommes.

Alors, Quatre-Vents se calma et reprit une vie normale. Elle confectionna une robe spéciale qui cachait son pelage d'ourse et sa queue de castor.

Malgré cela, les femmes de la tribu commencèrent bientôt à se moquer d'elle. Son nouveau vêtement ne dissimulait pas ses dents de loup et Quatre-Vents était au désespoir. Elle prit donc une résolution.

Un soir, elle se coucha en déclarant à son mari :

— Je suis lasse des sarcasmes et j'ai décidé de les faire cesser.

Son époux tenta d'en savoir plus, mais Quatre-Vents ne répondit pas et s'endormit.

Au matin, son mari lui souffla dans l'oreille pour la réveiller. Elle ne bougea pas. Il lui chatouilla le nez, sans obtenir de résultat. Il lui mordilla la joue, sans provoquer de réaction. Alors, il la retourna sur le dos afin de lui verser de l'eau dans les yeux. C'est alors qu'il s'aperçut qu'elle s'était donné la mort avec son couteau.

Depuis cette affreuse affaire, lorsqu'une femme chippeway reçoit des promesses d'un homme, elle n'en croit que la moitié et court s'enfermer sous son tepee.

VIII. INDIENS MENOMINI

LA TRISTE HISTOIRE DE TÊTE-ÉCLATÉE

Arrivée à la fin de sa vie, une femme s'apprêta à partir pour le Pays-des-Ombres. Elle avait deux fils. Le plus jeune, nommé Feuille-Tendre, tétait encore. Le plus âgé, qui s'appelait Deux-Yeux, chassait déjà.

Avant de quitter sa cabane [1], la femme se coupa les seins et les suspendit au-dessus du bébé afin qu'il ne meure pas de faim en son absence. Puis, craignant que son aîné ne tente de la retenir, elle profita de ce qu'il posait des pièges dans la forêt pour s'en aller.

1. Dans certaines tribus, lorsqu'un Indien sentait la mort venir, il s'isolait afin d'implorer le Grand-Esprit pour qu'il lui ouvre le Pays-des-Ombres.

Le nourrisson téta le lait de sa mère et prospéra rapidement. Quand il eut la force de sortir de son berceau, il découvrit un vieil homme assis dans le coin de la hutte.

— Qui es-tu ? demanda l'enfant.

— Je suis ton grand-père, annonça le vieillard. Je vais te fabriquer des armes pour que tu puisses t'entraîner à chasser.

Le vieux travailla tout le jour. Le soir venu, il dit :

— Prends cet arc et ces flèches et apprends à t'en servir. Cet arc est très solide et les pointes des flèches très aiguisées ; n'hésite surtout pas à affronter les animaux les plus terribles. Je vais dormir cinq ans car je suis excessivement fatigué. Quand je me réveillerai, tu me montreras tes progrès.

Le vieux se coucha et l'enfant s'exerça à tirer à l'arc. Il devint rapidement un bon chasseur. Néanmoins, jamais il n'affronta des bêtes plus fortes que lui. Il se contenta d'abattre des oies, des lapins et des dindons.

Un jour qu'il suivait une piste, les traces le menèrent dans la forêt. Il y découvrit un jeune homme dont le bas du corps était changé en arbre. De grosses racines le maintenaient au sol et il lui était impossible de bouger.

— Je suis Feuille-Tendre, déclara le jeune chasseur. Et toi-même, qui es-tu ?

— Je suis Deux-Yeux, ton frère, répondit l'autre.

— Peux-tu me dire ce que tu fais dans cette drôle de posture ? interrogea Feuille-Tendre.

— Je posais des pièges lorsque j'ai rencontré deux mauvaises femmes. Elles possèdent un pouvoir magique et m'ont transformé en arbre.

— Que puis-je faire pour toi ? questionna le jeune garçon.

— Rien, hélas. En revanche, moi, j'ai la possibilité de t'aider. Le vieux qui se dit ton grand-père n'est autre que Tête-Éclatée, un Mauvais-Esprit qui hante la région. Il va chercher à t'exterminer, mais il n'aura la force de le faire que s'il dort cinq ans sans interruption.

Feuille-Tendre s'inquiéta :

— Comment vais-je bien pouvoir déjouer le plan de cette vieille carcasse ?

— Fais en sorte qu'il ne puisse dormir cinq ans, dit Deux-Yeux. Réveille-le un peu avant si tu veux échapper au sort qu'il te réserve.

Le cadet remercia son aîné pour le conseil qu'il venait de lui donner et rejoignit sa cabane.

Tête-Éclatée était couché dans un coin de la hutte. Sa parfaite immobilité le faisait ressembler à une souche. Le jeune homme se dit : « Me voilà tranquille pour un bon moment. » Il partit chasser et ne revint que quatre ans plus tard.

Tête-Éclatée dormait toujours. De la mousse poussait sur tout son corps et des insectes couraient sur ses jambes.

« L'instant est venu d'abréger ses rêves », pensa Feuille-Tendre. Il le secoua tant et plus, mais le monstre ne bougea pas. Alors, le garçon prit une lourde pierre et la laissa tomber sur le crâne du vieillard.

Tête-Éclatée s'éveilla en sursaut. Il découvrit Feuille-Tendre et maugréa en se frottant le front :

— Tu as beaucoup grandi depuis notre dernier entretien.

— Cela fait un peu plus de quatre ans, remarqua le jeune garçon.

— Voudrais-tu me rendre un service ? interrogea le Mauvais-Esprit.

Feuille-Tendre déclara qu'il y consentait.

— C'est très aimable à toi, dit le vieux. Je me suis réveillé trop tôt, sans doute ai-je eu froid au dos. Va donc jusqu'à la caverne de l'ours et rapporte-moi son manteau.

Le jeune chasseur sortit et alla trouver son frère.

— C'est bien ce que je pensais, dit Deux-Yeux. Il n'a pas assez de force pour te tuer du fait qu'il n'a pas assez dormi. Il t'envoie chez l'ours en espérant que celui-ci le fera à sa place. Vas-y, mais fais très attention, cet animal est son allié et il possède de grands pouvoirs. Si tu veux le vaincre, atteins-le d'une flèche à l'oreille gauche et sauve-toi aussitôt, sans te retourner. Arrange-toi pour repasser par ici, peut-être pourrai-je t'aider si tu es en difficulté.

Feuille-Tendre partit dans la forêt et trouva l'ours. C'était un animal gigantesque. Ses yeux lançaient des éclairs et du feu s'échappait de sa gueule. Le jeune homme tira, atteignit le plantigrade au bon endroit et se mit à courir. Rendu furieux par sa blessure, l'ours se lança à sa poursuite.

Lorsque Feuille-Tendre passa devant son frère, il lui cria :

— Quel est ce bruit que j'entends dans mon dos ? Ne croirait-on pas qu'un géant est en train de fracasser les arbres de la forêt ?

— Ce n'est rien, répondit son frère. Continue à courir et ne te retourne surtout pas.

Mais le jeune garçon ne put s'empêcher de jeter un regard derrière lui. Il se prit le pied dans une racine et tomba de tout son long. Alors que l'ours allait le rejoindre, Deux-Yeux poussa le soleil du bout du doigt. La nuit tomba instantanément. N'y voyant plus rien, l'animal tâtonna sans pouvoir trouver l'enfant. Ce répit permit à Feuille-Tendre de se glisser dans sa cabane et de s'y barricader.

Le lendemain, le jeune chasseur trouva l'ours sans vie devant sa porte. Il l'écorcha, fit une cape dans sa peau et alla en couvrir son faux grand-père.

Apparemment dépité, le vieux remercia Feuille-Tendre et se rendormit pour cinq ans.

Et le temps passa. Le cadet chassait et allait parler avec son frère aîné pour le distraire. Après quatre années, il se dit : « Je ne dois pas laisser Tête-Éclatée reposer trop longtemps si je ne veux pas qu'il me fasse un mauvais parti. »

Il prit un gros caillou et en frappa le crâne du monstre. Ce dernier s'assit sur sa couche et, découvrant Feuille-Tendre, il grogna :

— Comment, tu es encore là ?

— Pourquoi ? dit le jeune homme. T'attendais-tu que je combatte un deuxième ours ?

Le vieux fit celui qui n'avait pas entendu et ajouta en bâillant :

— Je n'ai pas dormi assez longtemps, sans doute ai-je eu froid aux pieds. Rends-moi donc un service. Prends le canoë qui est dehors et va jusqu'à l'Île-aux-Oiseaux. Confectionne une couverture de plumes et reviens la poser sur mes jambes.

Feuille-Tendre acquiesça, quitta la cabane et alla voir son frère.

— Fais très attention, lui dit Deux-Yeux. Le bateau de Tête-Éclatée est certainement ensorcelé. Si tu es en difficulté, imite par trois fois le cri du hibou et je tâcherai de t'aider.

Le jeune chasseur prit donc le canoë et se rendit à l'Île-aux-Oiseaux. Il ramassa des plumes dans les nids et tressa une douce couverture. Mais, quand il voulut reprendre l'embarcation pour rejoindre la terre ferme, il vit que le bateau s'éloignait seul.

« Mon frère ne s'était pas trompé, songea-t-il. Si je reste ici je vais mourir de faim. » Il poussa alors trois fois le cri du hibou.

Dans la forêt, Deux-Yeux l'entendit. Il prit de la mousse et recouvrit le soleil. L'eau du lac gela et Feuille-Tendre put revenir à pied sec.

Lorsqu'il repassa devant son frère, il remarqua :

— Heureusement qu'il a fait froid, sinon tu ne me revoyais pas.

Deux-Yeux sourit et le laissa partir.

De retour à la cabane, Feuille-Tendre plaça la couverture sur les pieds de l'horrible créature. Plus contrarié qu'il ne voulait le montrer, Tête-Éclatée ronchonna et se rendormit pour cinq ans.

Feuille-Tendre posa des pièges, pêcha, fit de longues courses dans la neige et devint aussi fort qu'un grand cerf. Quatre ans plus tard, au début de la belle saison, le jeune Brave rejoignit sa cabane et cassa une énorme pierre sur la tête de son soi-disant grand-père. Ce dernier se réveilla de fort mauvaise humeur et dit en avisant Feuille-Tendre :

— Comment cela se fait-il ? Tu n'es pas encore mort ?

— Je ne suis pas retourné à l'Île-aux-Oiseaux, railla le jeune Brave.

Le vieux s'assit sur sa couche et bougonna :

— Décidément, je ne sais pas ce que j'ai, je n'arrive pas à dormir autant que j'en ai besoin. Je dois avoir envie de fumer. Va donc emprunter sa pipe à l'Homme-des-Marais. Dis à celui-ci que tu viens de ma part et il te recevra bien.

Comme il en avait pris l'habitude, Feuille-Tendre se rendit auprès de son frère.

— Bigre ! s'exclama Deux-Yeux. L'Homme-des-Marais est encore plus dangereux que l'ours. Il ne te donnera pas sa pipe, tu devras combattre pour la lui ravir. Prends ce couteau en silex. Si l'Homme-des-Marais t'attaque, jette le couteau à terre et fuis aussi vite que tu le pourras.

Le chemin fut long et pénible. Quand Feuille-Tendre pénétra dans sa hutte, l'Homme-des-Marais faisait cuire des serpents venimeux pour son souper. Il était extraordinairement grand et ses épaules occupaient toute la largeur de la pièce.

— Que veux-tu ? rugit-il. Ne vois-tu pas que tu me déranges ?

— Je viens te demander ta pipe pour mon grand-père, répliqua le chasseur.

— Si tu veux emporter ma pipe, dit l'Homme-des-Marais, tu dois d'abord te mesurer à moi.

— J'y consens, dit Feuille-Tendre.

La brute arracha un gros chêne et s'en fit une massue. Le jeune Brave saisit son couteau et le jeta à terre. À peine eut-elle touché le sol que l'arme rebondit et alla se planter dans le ventre de l'odieux personnage. Voyant que l'Homme-des-Marais n'était pas mort, Feuille-Tendre s'empara prestement de sa pipe et s'en-fuit en courant droit devant lui.

— Pourquoi t'éloignes-tu si vite ? cria le colosse. Le combat n'est pas terminé. Reviens !

Et comme Feuille-Tendre ne semblait pas l'entendre, l'Homme-des-Marais se lança à sa poursuite.

En passant devant son frère, le jeune Brave s'enquit :

— Est-il loin derrière ?

— Il se rapproche, répondit Deux-Yeux. Ne ralentis pas, je m'en occupe.

L'aîné aspira alors le Vent-du-Nord dans sa vaste poitrine et le souffla dans la face de l'Homme-des-Marais. Le géant fut cloué sur place et Feuille-Tendre eut le temps de s'engouffrer dans sa cabane.

— Voici la pipe que tu réclamais, dit-il au vieux en lui tendant l'objet.

Tête-Éclatée fut si étonné qu'il dut mettre sa main devant sa bouche pour que son esprit ne s'envole pas par l'orifice. « Je ne me débarrasserai donc jamais de ce vilain bougre », songea l'horrible bonhomme. Puis il ajouta plus haut :

— Je te remercie énormément. Je vais pouvoir fumer et m'endormir aussitôt après.

Feuille-Tendre attendit que le vieux dorme profondément. Lorsqu'il entendit ses ronflements, il sortit de la cabane et trouva l'Homme-des-Marais mort devant l'entrée. Durant son agonie, celui-ci était devenu aussi petit qu'un écureuil. D'un coup de pied, le jeune Brave l'expédia vers les étoiles et alla relever ses collets.

Une fois de plus, quatre années s'écoulèrent. Tête-Éclatée ressemblait maintenant à une souche pourrie. Des herbes poussaient dans ses cheveux et des araignées y tissaient leur toile. Feuille-Tendre décida qu'il était temps de réveiller l'affreuse créature. Il le fit encore à l'aide d'une pierre. Le vieux sursauta, se frotta les yeux et ronchonna à l'intention du jeune homme :

— Devrai-je donc toujours te trouver à mon chevet ? Enfin, je ne t'en veux pas, je vois que tu es devenu un homme et je veux te rendre service. Va chez les deux sœurs de la montagne et dis-leur que je veux qu'elles t'épousent.

Feuille-Tendre partit, non sans faire une halte à l'endroit où était enraciné son frère.

— Je me doutais bien qu'il finirait par t'envoyer chez ces chipies, déclara Deux-Yeux. Ces filles sont redoutables. Elles sont très jolies, mais elles possèdent des pouvoirs surnaturels. Ce sont elles qui m'ont changé en arbre. Elles ont emporté le bas de mon corps pour s'amuser avec lui. Prends cette patte de lapin et ce sabot de cerf. Au cas où tu aurais besoin de fuir, jette ces objets l'un après l'autre par-dessus ta tête.

Feuille-Tendre se mit en route. Toute la nuit, il gravit une pente abrupte et n'arriva devant la hutte des deux sœurs qu'au soleil levant. La masure était faite de planches disjointes. Le Brave regarda par une fente et vit deux jolies filles. Elles jouaient avec le bas du corps de son frère comme avec une balle. Outré, Feuille-Tendre entra sans s'annoncer. L'apercevant, les sœurs s'exclamèrent joyeusement :

— Tiens, voici un nouveau jouet. Ce bel homme va certainement nous demander de devenir ses femmes.

— J'étais venu pour vous épouser, répliqua sèchement le Brave, mais je préfère m'en retourner d'où je viens. Jamais je ne me marierai avec des laiderons tels que vous.

Furieuses, les deux sœurs voulurent se jeter sur lui. Leurs ongles venaient de pousser brusquement et ressemblaient à des poignards. Feuille-Tendre parvint à s'échapper et se mit à courir. Les filles se lancèrent à sa poursuite. Comme elles gagnaient du terrain, le Brave lança la patte de lapin par-dessus lui et se changea en lièvre. Sous cette nouvelle forme, il prit de l'avance. Mais, malheureusement, le lièvre se fatigua vite et ses poursuivantes le rejoignirent. Il jeta alors par-dessus lui le sabot de cerf. Il se transforma en cerf et, animé de forces neuves, il put regagner sa cabane et s'y enfermer.

À peine entré, Feuille-Tendre retrouva sa réelle apparence. Le vieux était éveillé et, irrité par cette entrée intempestive, il grinça :

— Pourquoi reviens-tu si vite, ne devais-tu pas convoler ?

— J'y ai renoncé, mon cher grand-père. Les épouses que tu m'as indiquées ne me plaisent pas.

C'est alors qu'on gratta à l'entrée de la cabane. Le Brave alla ouvrir. Deux vieilles femmes entrèrent. Elles étaient couvertes de haillons et leur visage disparaissait sous les rides. Mais Feuille-Tendre remarqua qu'elles étaient essoufflées et se douta qu'il s'agissait des deux sœurs de la montagne.

Avant qu'elles aient eu le temps de prononcer un mot, le Brave se rua sur les arrivantes et les lia ensemble à l'aide d'une longue corde. Puis il entassa du bois autour d'elles et y mit le

ENTRACTE

AU CLAIR DE LA LUNE !

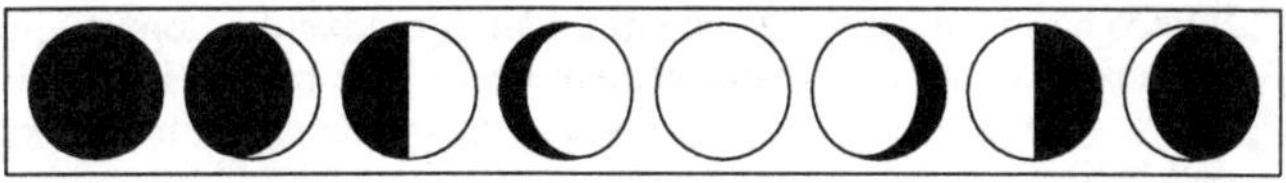

La Lune n'a pas de lumière propre, elle brille seulement parce que le Soleil l'éclaire. Dans son mouvement autour de la Terre et selon la position qu'elle occupe par rapport à notre planète et au Soleil, elle apparaît à l'homme sous des aspects différents. En effet, c'est toujours la même face de la Lune qui est éclairée par le Soleil mais, sauf au moment de la pleine lune, nous ne la voyons jamais tout entière. Nouvelle lune (c'est-à-dire le moment où la lune disparaît), premier quartier, pleine lune, dernier quartier se succèdent : ce sont les phases de la Lune.

La lunaison est le temps qui s'écoule entre deux nouvelles lunes, soit vingt-neuf jours et demi. Ces phases successives qui se répètent à l'identique ont été remarquées par les hommes, qui s'en sont servis pour mesurer le temps qui s'écoule. Dans le calendrier adopté par les Indiens des Plaines, les mois sont réglés pour commencer et finir avec une lunaison.

Dans trois contes, le nom des Lunes, particulièrement évocateur, permet de retrouver à quelle saison se déroule l'action. Saurez-vous relier les lunes à la bonne saison ?

Lune-des-Feuilles-Brunes	1	
Lune-où-la-Neige-entre-dans-les-Tepees	2	A. Printemps
Lune-des-Oies-Grises	3	
Lune-des-Fleurs-Odorantes	4	B. Été
Lune-des-Baies-Bien-Mûres	5	
Lune-où-le-Gel-pose-des-Perles-sur-les-Branches	6	C. Automne
Lune-où-la-Glace-fait-craquer-les-Bois	7	
Lune-où-l'Écorce-verdit-sur-les-Troncs	8	D. Hiver
Lune-des-Cerises-Rouges	9	

Les hommes ont utilisé des calendriers très différents. Actuellement l'année commence le 1er janvier mais il n'en a pas toujours été ainsi. À Rome, le premier jour du mois correspondait à la nouvelle lune et l'année commençait le 1er mars. C'est Jules César qui, en 45 av. J.-C., ramena le début de l'année au 1er janvier.

Réponses

A = 3, 4, 8 B = 5, 9 C = 1 D = 2, 6, 7

La Révolution française tenta de mettre en place un nouveau calendrier. Une ère nouvelle débutait en 1792, qui devint l'an I. L'année commençait le 22 septembre à l'équinoxe d'automne, qui était aussi la date de l'établissement de la République. Les mois portèrent de nouveaux noms tirés des phénomènes naturels dont voici la liste :

1. le mois des vendanges
2. le mois des neiges
3. le mois des moissons
4. le mois des prairies
5. le mois des brouillards
6. le mois des fruits
7. le mois des pluies
8. le mois des fleurs
9. le mois des chaleurs
10. le mois des frimas
11. le mois de la germination
12. le mois des vents

Dans le tableau ci-dessous sont donnés les noms des mois et la correspondance avec notre calendrier. Placez en dessous de chaque mois le phénomène naturel qui lui a donné son nom.

A - Vendémiaire (22 sept.-21 oct.)	B - Brumaire (22 oct.-21 nov.)	C - Frimaire (22 nov.-21 déc.)
D - Nivôse (22 déc.-19 janv.)	E - Pluviôse (20 janv.-18 fév.)	F - Ventôse (19 fév.-20 mars)
G - Germinal (21 mars-19 avril)	H - Floréal (20 avril-19 mai)	I - Prairial (20 mai-18 juin)
J - Messidor (19 juin-18 juillet)	K - Thermidor (19 juillet-17 août)	L - Fructidor (18 août-21 sept.)

Vous lisez ce livre aujourd'hui le : ....
Traduisez cette date dans le calendrier indien puis dans le calendrier révolutionnaire : ....
....

Réponses

A = 1 B = 5 C = 10 D = 2 E = 7 F = 12
G = 11 H = 8 I = 4 J = 3 K = 9 L = 6

VIVRE À L'INDIENNE

À la lecture de ces contes, vous avez découvert divers aspects d'une civilisation. Les Indiens d'Amérique du Nord ont répondu à leur manière aux problèmes qu'ont eu à résoudre les tout premiers hommes : se protéger, se vêtir et se nourrir en fonction des ressources naturelles dont ils disposaient. Si quelquefois leur mode de vie rappelle celui d'autres peuples, certaines fois leurs trouvailles ont conservé leurs noms car elles n'avaient pas d'équivalent dans d'autres langues. Vous retrouverez dans le jeu suivant le nom d'une plante et d'un animal que vous connaissez bien, importés en Europe avec leur nom indien.

Sauriez-vous survivre et vous faire comprendre en terre indienne ? Voici une série de définitions ou de questions. Trouvez le mot correspondant. Pour vous aider, la page où il est employé vous est donnée entre parenthèses. Mais vous pouvez aussi tenter de le découvrir dans les mots mêlés.

Habitat :

- ❑ Tente faite de peaux cousues et soutenues par des perches de bois (p. 31).
- ❑ Salle souterraine où les hommes s'assemblent pour parler et prier (p. 54).
- ❑ Hutte, chaumière (p. 124).

Habillement :

- ❑ Comment s'appelle la chaussure de peau que portent les Indiens (p. 20) ?
- ❑ Dans quelle matière taillerez-vous vos vêtements (p. 86) ?
- ❑ Avant de travailler cette matière, quelle préparation spéciale devrez-vous lui faire subir (p. 19) ?

Matériel de chasse :

- ❑ C'est avec ce casse-tête en forme de hache que vous affronterez vos ennemis (p. 17).
- ❑ Quelle arme de bois dur prendrez-vous pour la chasse (p. 12) ?
- ❑ Que ne devrez-vous pas oublier d'emporter avec cette arme (p. 13) ?
- ❑ Dans quoi les transporterez-vous (p. 26) ?
- ❑ Avec quoi pêcherez-vous le gros poisson (p. 30) ?
- ❑ Vous le fabriquerez d'os et l'attacherez à un fil pour la pêche en rivière (p. 30).
- ❑ Vous le poserez bien caché afin d'attraper le gibier (p. 67).
- ❑ Fait d'un nœud coulant, il vous permettra de chasser le lapin (p. 75).

Gibier :

- ❑ Quelle est la principale ressource des Indiens des Plaines (p. 30) ?
- ❑ Il faudra parfois vous contenter de ce petit animal blanc en hiver, brun en été (p. 61).
- ❑ Inconnu des Européens avant la découverte de l'Amérique, celui-ci vous fera plus de profit (p. 39).
- ❑ Mais aurez-vous envie d'abattre ce roi des airs (p. 35) ?
- ❑ La peau très douce de ce gracieux animal vous permettra de confectionner des vêtements confortables (p. 43).

Nourriture :

- ❑ C'est de cette préparation de viande séchée que vous vous contenterez en hiver. (Cf. « Pour en savoir plus », p. XIV.)
- ❑ Vous trouverez cette céréale, découverte chez les Indiens, plus souvent que le blé (p. 19).
- ❑ Quelle recette préparerez-vous avec sa farine (p. 28) ?
- ❑ Leur cueillette est une des activités des femmes (p. 36).
- ❑ Si la viande vient à manquer, vous pourrez toujours les déterrer (p. 42).
- ❑ Vous aimerez traquer ce poisson de mer et de rivière (p. 104).

Divers :

- ❑ Dans la tribu des Hopi, vous passerez par eux pour vous adresser aux dieux (p. 54).
- ❑ C'est dans ce bateau que vous irez pêcher (p. 116).
- ❑ Vous devrez connaître ces plantes pour vous soigner (p. 13).
- ❑ Ignoré des Indiens jusqu'à l'arrivée des Blancs, cet animal vous sera fort utile.

F	L	E	C	H	E	S	E	K	E	G	E	I	P
A	T	I	L	M	A	W	G	I	W	U	A	N	E
N	O	C	E	M	A	H	E	V	L	A	R	N	L
E	M	E	D	I	C	I	N	A	L	E	S	O	N
C	A	R	Q	U	O	I	S	C	A	P	E	S	M
E	H	T	E	L	L	O	C	H	O	N	T	I	A
N	A	C	I	M	M	E	P	E	P	O	T	B	I
I	W	I	G	O	M	M	E	V	A	D	E	A	S
M	K	A	T	C	H	I	N	A	S	N	L	I	T
R	E	O	N	A	C	A	E	L	G	I	A	E	E
E	R	I	R	S	O	N	R	T	U	D	G	S	E
H	A	C	I	S	E	A	U	P	D	A	I	M	P
T	A	P	I	I	S	A	U	M	O	N	B	L	E
R	A	C	I	N	E	S	A	R	E	N	N	A	T

DES NOMS ET DES HOMMES

CHEZ LES INDIENS

Vous avez sans doute remarqué que les noms des Indiens racontent souvent une histoire. Contrairement à nos usages, chez les Indiens, ce ne sont pas les parents généralement qui choisissent le nom des enfants, mais plus souvent les proches et les anciens de la tribu. Et même, en certaines circonstances, après un exploit par exemple, il arrive qu'on vous donne un nouveau nom.

Voici quelques traits qui ont justifié le nom de certains personnages.

1. Tous les quatre ans, on le réveillait en lui jetant une pierre sur la tête.
2. Il renonça à tuer les bisons ; cela lui valut de changer de nom.
3. L'éclair était en son pouvoir.
4. Il était doué d'un odorat exceptionnel.
5. C'était un chasseur fort habile.
6. Il détenait le tonnerre.
7. Il mourut d'avoir eu deux paroles.
8. C'était une vraie girouette !
9. En vérité cette femme était un aigle.
10. Elle avait un langage bien à elle pour s'adresser aux bons génies.
11. Ses plumes étaient des éclairs et ses yeux recelaient la foudre.
12. Elle n'avait jamais aimé aucun homme.

Voici maintenant par ordre alphabétique le nom des personnages correspondant à ces définitions. Placez à côté de chacun le numéro qui correspond à son histoire.

A. Blanc-Duvet		**G.** Quatre-Vents	
B. Esprit-du-Bien		**H.** Ses-Pieds-sont-un-Murmure	
C. L'Oiseau-Tonnerre		**I.** Source-de-Bruit	
D. Ligne-Fourchue		**J.** Tête-Éclatée	
E. Mi-Ti-Li		**K.** Une-Seule-Flèche	
F. Plus-qu'un-Chien		**L.** Vive-Lumière	

Réponses

A = 9	B = 2	C = 11	D = 7	E = 12	F = 4
G = 8	H = 10	I = 6	J = 1	K = 5	L = 3

Il ne vous reste plus qu'à replacer chaque personnage dans la tribu qui relate son histoire. Complétez le tableau suivant avec les noms ci-dessus. Attention, deux personnages peuvent appartenir à la même tribu.

Caddo	
Cheyenne	
Chippeway	
Fox	
Hopi	
Iroquois	
Menomini	
Oglala	
Wishita	
Zuni	

La carte ci-dessous montre les grandes régions du continent américain. Lisez les pages « Pour en savoir plus », elles indiquent où étaient installées, au début du XIXe siècle, les tribus indiennes dont William Camus rapporte les légendes.

Notez dans le cadre approprié le nom de la ou des tribus qui vivaient dans ces aires géographiques.

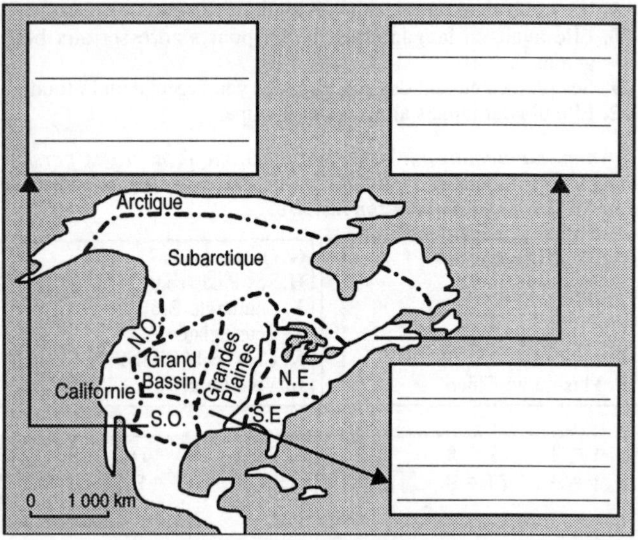

EN FRANCE

Chaque pays a ses usages et nos noms à nous ne racontent pas d'histoire. Savez-vous néanmoins que le prénom et même le nom que vous portez eurent un jour une signification claire ? Mais en quelle langue ?

Après la conquête de la Gaule par les Romains, les noms gaulois — sauf quelques-uns comme Brennus qui donna Brice, « puissance » — cédèrent la place à des noms **gréco-latins**, dont le sens originel était déjà oublié.

> *Antoine* (du grec « qui fait face »), *Fabienne* (du latin « fève »), *Virginie* sont des noms de familles romaines. Un *Camille*, à Rome, était l'assistant du prêtre lors des sacrifices.

Les invasions **germaniques**, commencées au Ve siècle, aboutirent à la domination franque qui à son tour imposa ses noms. Souvent composés, ceux-ci associaient fréquemment une qualité à un mot tiré du vocabulaire guerrier ou animal. On en fabriquait autant qu'il en était besoin.

> *Bertrand*, « illustre corbeau » ; *Guillaume*, « inébranlable casque » ; *Mathilde*, « vigueur au combat » ; *Géraldine*, « qui commande avec sa lance ».

Puis la langue franque se romanisa. Et, au IXe siècle, on choisissait les noms en fonction non de leur sens — perdu — mais de la mode, dans une liste définie. Selon la tradition chrétienne, le nom de baptême devait avoir été porté par un saint sous la protection duquel on plaçait, en le nommant, le nouveau baptisé.

C'est à la fin du XIe siècle que le nom, d'abord unique, devint **prénom** et que le surnom, déjà en usage pour distinguer les uns des autres, devint **patronyme héréditaire**. Certains prénoms ou diminutifs se transformèrent alors en noms de famille.

Il faut encore signaler qu'au XVIe siècle la Réforme introduisit l'usage des prénoms d'origine biblique, le plus souvent **hébraïque**. Quant à notre époque, pour des raisons de mode ou d'immigration, elle a vu fleurir quantité de prénoms **régionaux** ou **étrangers**, notamment anglo-saxons et arabes.

> *Gwenael*, celtique : « blanc, heureux » et « généreux » ; *Morgane*, gallois : « grand » et « brillant » ; *Kevin*, vieux-gaélique : « de naissance avenante » ; *Audrey*, anglo-saxon : « noble » et « puissant » ; *Abdallah*, arabe : « fils d'Allah ».

En vous aidant si nécessaire de livres que vous trouverez en bibliothèque, recherchez et écrivez ci-dessous la traduction de votre prénom :

....

Retrouvez l'étymologie (parfois discutée) des noms de quelques personnages célèbres en reliant par un trait le nom à sa signification, puis à la langue d'où il est issu :

1. Adam	**A.** ciel	français
2. Moïse	**B.** chef suprême	
3. Romulus	**C.** errante	germanique
4. Zeus	**D.** fils d'un taureau	
5. Arthur (le roi)	**E.** force	hébreu
6. Didon	**F.** jour	
7. Vercingétorix	**G.** laurier	grec
8. Ouranos	**H.** ours	
9. Gaïa	**I.** pieds enflés	indo-européen
10. Œdipe	**J.** jeune femme	
11. Lucifer	**K.** lance	celtique
12. Daphné	**L.** qui apporte la lumière	
13. Minotaure	**M.** sauvé des eaux	phénicien
14. Geneviève	**N.** père d'une foule de nations	
15. Lancelot	**O.** terre	latin
16. Abraham		

Réponses

hébreu : 1-O ; 2-M ; 16-N
phénicien : 6-C
grec : 3-E ; 8-A ; 9-O ; 10-I ; 12-G ; 13-D
latin : 11-L
indo-européen : 4-F
germanique : 14-J
celtique : 5-H ; 7-B
français : 15-K

POURQUOI ? COMMENT ?

Vous avez découvert la clé de bien des mystères. Testez maintenant vos connaissances en mythologie indienne et retrouvez la bonne réponse parmi les propositions qui vous sont données. Attention ! dans un cas, il existe plusieurs explications du même phénomène.

1. D'où viennent les volcans ?

❑ a) Les mauvais Génies ont été enfermés dans les tréfonds de la terre. Il leur arrive de s'échapper dans les flammes des volcans.

❑ b) Un soupir de désolation devant le mensonge d'un Manitou ébranla la terre et en fit surgir des volcans.

❑ c) Au commencement du monde, le Grand-Esprit terrassa le dragon et de son corps il fit la terre. Mais de ses gueules multiples, le monstre continue à cracher des flammes.

2. D'où vient la couleur des mésanges ?

❑ a) La déesse Arc-en-Ciel se métamorphose en mésange quand il pleut.

❑ b) Une jeune fille en robe jaune, veste verte et fichu bleu fuyait devant Éclair-de-Feu ; pâle de frayeur, elle allait être rattrapée quand, heureusement, un Bon Génie la transforma en mésange.

❑ c) Au temps des origines — elle n'était alors qu'une affreuse petite chose noire —, elle fournit un renseignement précieux et reçut sa parure en récompense.

3. D'où vient le marécage du territoire des Menomini ?

❑ a) Lorsqu'il fut tué, la peau, la chair et les os du Manitou-des-Eaux fondirent et formèrent un marécage nauséabond.

❑ b) Les enfants de Lumière-du-Matin morts, celle-ci se mit à pleurer tant et si bien qu'un marécage recouvrit toute la prairie.

❑ c) À l'origine, l'eau recouvrait toute la terre. Les Manitous, voulant y installer les hommes, firent émerger une portion de terre sèche ; mais ils laissèrent tout autour un marécage nauséabond dont ils interdirent l'accès aux hommes : au-delà se trouvait le séjour du Grand-Esprit.

4. Comment le soleil se déplace-t-il ?

❑ a) Tous les matins, à l'est, un homme le lève et le porte à travers la terre pour aller le coucher à l'ouest.
❑ b) Sur un char conduit par un aigle.
❑ c) Dans une barque dirigée par un Manitou.

5. Qu'est-ce qu'un arc-en-ciel ?

❑ a) C'est l'écharpe que laisse derrière lui quand il s'en va le Manitou-qui-fait-tomber-la-Pluie.
❑ b) C'est une divinité qui transporte les nouvelles d'un bout de la terre à l'autre.
❑ c) C'est la limite entre le monde du Grand-Esprit et le monde des hommes.

6. D'où viennent la foudre et le tonnerre ?

❑ a) Le Grand-Esprit joue aux boules avec les Manitous. Les boules s'entrechoquant produisent bruit et étincelles.
❑ b) L'Être-Abominable s'annonce ainsi quand il vient sur terre chercher sa pitance.
❑ c) Jadis l'orage apportait à la terre l'eau dont elle avait besoin. Puis de vilains garnements s'emparèrent des objets magiques qui produisent la foudre et le tonnerre. Réfugiés on ne sait où, ils s'en servent quand ils s'ennuient.

7. Pourquoi les aigles sont-ils gris et muets ?

❑ a) Un jour, ils firent du feu sur leur nuage et la fumée rendit gris leur plumage blanc. Pour rester en bonne entente avec les hommes, ils prirent l'habitude de ne pas répondre à leurs questions.
❑ b) Les aigles avaient un plumage étincelant de mille couleurs et un langage se rapportant à leur plumage. Se croyant les maîtres du ciel, ils offensèrent le Grand-Esprit qui leur ôta couleurs et chant.
❑ c) Les aigles étaient chassés par les hommes et leur espèce allait disparaître. Les Manitous les autorisèrent à prendre la couleur des nuages et ils perdirent l'usage de la parole.

8. Pourquoi le mille-pattes est-il si petit ?

❑ a) Chargé par le Manitou-qui-fait-briller-le-Soleil d'aller chercher le tonnerre et la foudre enfermés dans une montagne, sa taille fut réduite afin qu'il puisse y pénétrer par une fente minuscule.
❑ b) Rayon-d'Éclair lui fit ainsi payer sa vantardise.
❑ c) Le Grand-Esprit le punit en le rapetissant d'avoir été complice d'un forfait.

Inscrivez vos réponses dans le tableau suivant.

1	2	3	4	5	6	7	8

Solutions : p. 11, 12, 14, 22, 26, 43, 47, 51, 120.

POUR EN SAVOIR PLUS

La découverte du continent américain

« Terre en vue » : le 12 octobre 1492, Christophe Colomb voit le terme de sa folle aventure. Il a traversé l'océan. Mais il se croit en Inde, d'où le nom donné aux habitants. En vérité il a accosté dans les îles Bahamas. Sans le savoir, il a découvert un nouveau continent. Il n'est pourtant pas le premier Européen à poser le pied sur la terre américaine. Bien avant lui, au xe siècle, des Vikings partis du Groenland avaient tenté de s'installer, sans succès, au nord-est de Terre-Neuve. Puis, au xive siècle, des pêcheurs basques, bretons ou normands s'étaient mis à fréquenter les eaux poissonneuses de Terre-Neuve pour y pêcher la morue et la baleine. À la suite de Christophe Colomb, Espagnols, Portugais, en Amérique centrale et du Sud, Anglais, Français en Amérique du Nord vont coloniser ces vastes territoires et disputer la terre aux Indiens.

D'où viennent les Indiens d'Amérique ou Amérindiens ?

Pendant longtemps, on s'est interrogé sur leur origine. On sait aujourd'hui, grâce à la paléontologie, qu'ils venaient du nord de l'Asie et qu'ils s'installèrent en Amérique du Nord il y a environ trente mille ans. Au viiie millénaire av. J.-C., ils occupaient tout le continent d'un pôle à l'autre, du Pacifique à l'Atlantique.

De très nombreuses tribus au mode de vie différent

À l'époque des premiers colons, les tribus indiennes d'Amérique du Nord sont nombreuses et utilisent des langues très différentes. Pour pouvoir communiquer avec leurs voisins, celles des Grandes Plaines inventent alors une langue de signes.

On peut classer les Indiens par région, d'après le mode de vie particulier que leur impose le milieu géographique.

• Les Indiens du Nord-Est (Iroquois, Menomini) vivent dans des villages d'agriculteurs et cultivent le maïs et le tabac. Près des Grands Lacs, les Fox et les Chippeway sont des nomades qui sillonnent les rivières, pêchant de grosses truites et récoltant le riz sauvage.

• Dans la région qui s'étend de l'est des montagnes Rocheuses au Mississippi, vivent les Indiens des plaines et des prairies (Oglala, Cheyenne, Caddo, Wishita). L'essentiel de leurs ressources vient de la chasse au bison. Ils suivent les troupeaux qui se déplacent sans cesse à la recherche de pâturages. Comme la viande fraîche est plus rare en hiver, ils consomment alors surtout du pemmican, c'est-à-dire de la viande de bison séchée.

• Les tribus des Hopi, Zuni, Navajo vivent dans le Sud-Ouest. Cette région est pauvre et semi-désertique, mais l'agriculture s'y est implantée grâce à l'irrigation. La culture du maïs et l'élevage de moutons assurent l'essentiel de la subsistance. Plus au nord, dans le Grand Bassin, l'extrême sécheresse du climat rend l'agriculture impossible. Seule la cueillette des graines sauvages et des racines comestibles permet de survivre misérablement.
• Le long de la côte Pacifique, au nord-ouest et en Californie, les ressources sont plus abondantes. Les Indiens y vivent de la pêche au saumon, de la chasse au petit gibier et de la récolte des glands.
• Enfin les Inuit (Eskimos), dans le Grand Nord, chassent l'ours blanc, le phoque et, dans les régions subarctiques, les Athabaska traquent le renne appelé caribou.

L'extermination des Indiens

Après la découverte du Nouveau Monde, les Blancs, de plus en plus nombreux, s'installent sur les terres en repoussant les Indiens à l'ouest. Dès le début du XIXe siècle, les Indiens de l'Est sont chassés vers l'intérieur et perdent leurs aires de chasse et de culture. Au cours du XIXe siècle, l'immigration augmentant, la conquête de l'Ouest, le « Far West », s'accentue. La ruée vers l'or en Californie (1848), la construction de chemins de fer transcontinentaux réduisent le territoire des Indiens, repoussés dans des régions de plus en plus arides. Les Européens mettent les terres en culture et les clôturent. Ils exterminent le gibier, en particulier le bison, qui est la principale ressource des Indiens des Plaines. Le mode de vie traditionnel disparaît. Des traités censés maintenir un équilibre entre Blancs et Indiens sont signés mais jamais respectés, et les luttes s'amplifient. La résistance indienne s'organise. De grands chefs comme Sitting Bull (« Taureau assis ») ou Crazy Horse (« Cheval fou ») obtiennent quelques victoires comme celle de Little Big Horn. Mais la lutte est trop inégale. Le gouvernement des États-Unis crée, à l'ouest, des réserves, c'est-à-dire des territoires où

Le grand chef de guerre sioux Sitting Bull (Taureau assis)

seuls les Indiens peuvent habiter. Ces territoires sont peu fertiles et les conditions de vie y sont difficiles. Les tribus nomades doivent se sédentariser. Mais, confrontées à la misère et à l'alcoolisme, elles perdent peu à peu leur culture et leur identité.

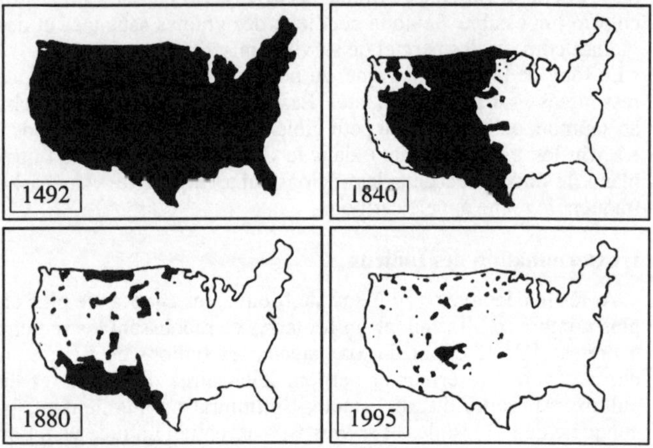

Les Indiens aujourd'hui

Les Indiens constituent actuellement la minorité la plus pauvre des États-Unis. Les 467 tribus qui vivent sur le territoire américain rassemblent environ 1,5 million d'Indiens. La moitié d'entre eux vivent hors des réserves car celles-ci n'offrent pas de travail, ces territoires isolés n'attirant pas les industriels. Le tourisme reste l'activité principale avec la vente des produits de l'artisanat. Quitter la réserve est souvent un choix difficile car les Indiens restent attachés à leur famille, leur tribu, leurs traditions. Le départ est en général définitif et les coupe à tout jamais de leurs racines.

Pour défendre leurs droits, les Indiens n'hésitent pas à manifester. En effet, les habitants de certaines réserves souhaiteraient bénéficier des richesses pétrolières de leur sous-sol et se heurtent aux compagnies américaines qui exploitent les gisements et leur reversent peu d'argent. Périodiquement, de grandes manifestations rassemblent les Indiens qui exigent la reconnaissance et le respect de leurs droits : de bonnes écoles, du travail dans les réserves, une protection sanitaire.

Les Indiens au cinéma
(d'après Cl. Lémie, *Le Western*, Bordas, 1976)

« Le western fourmille de ces images traditionnelles que sont l'attaque de la diligence, la ronde folle autour de la caravane qui fait le cercle, la charge de la cavalerie au son du clairon, le duel (couteau contre tomahawk), les danses autour du poteau de torture. Pendant longtemps les Américains, et par contrecoup les Européens, n'ont vu l'Indien que sous les traits d'un sauvage, avide de "scalp" et "d'eau de feu".

Ce n'est qu'en 1950 qu'apparaît le premier western pro-indien : *La Flèche brisée* », mis en scène par D. Daves. D'autres films vont suivre. Certains, par souci de réalisme, font pénétrer le héros de western dans la société indienne ; il va jusqu'à devenir indien, après avoir été soumis à une véritable initiation. C'est le cas de *Un homme nommé cheval* par E. Silverstein (1969), de *Little Big Man* par A. Penn (1970) et de *Danse avec les Loups* par K. Costner (1991). Plusieurs films montrent l'extermination ou la spoliation des Indiens : *Les Cheyennes* par J. Ford (1964), *Les Chasseurs de scalps* par S. Pollack (1968) et, toujours, *Little Big Man. Willie Boy* (1970) montre le massacre des Indiens comme un véritable déshonneur pour la civilisation blanche. Voici ce qu'en dit son metteur en scène, A. Polonsky : « Il y a un mythe de l'Ouest : pour les Américains, c'est un paradis perdu ; pour les Indiens c'est un génocide. Dès qu'un Américain accepte l'idée que ce paradis perdu n'a été que le massacre des Indiens, le mythe commence à disparaître et il peut commencer à voir l'Ouest comme il était : la conquête d'un pays par des étrangers qui ont pris tout ce qu'ils ont trouvé et qui n'ont même pas laissé leur identité aux habitants des lieux. » (*Positif*, n° 114, mars 1970.)

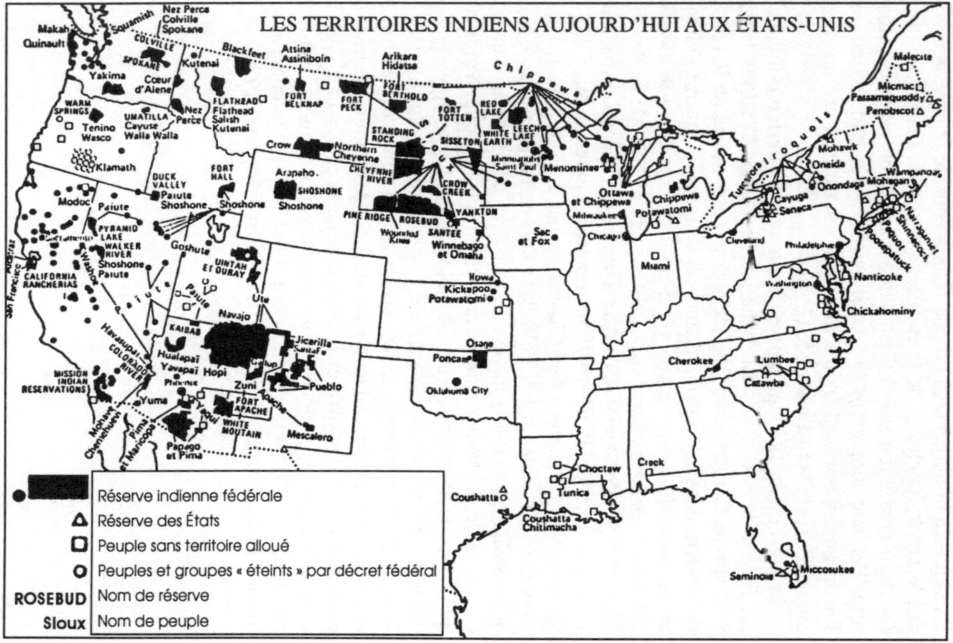
LES TERRITOIRES INDIENS AUJOURD'HUI AUX ÉTATS-UNIS
Makah
Quinault
Squamish
Nez Perce
Colville
Spokane
COLVILLE
SPOKANE
Kutenai
Blackfeet
Atsina
Assiniboin
Arikara
Hidatsa
Chippewa
Malecite
Yakima
Cœur d'Alene
Micmac
Passamaquoddy
Penobscot
FORT BELKNAP
FORT PECK
FORT BERTHOLD
FLATHEAD
Flathead
Salish
Kutenai
Nez Percé
WARM SPRINGS
Tenino
Wasco
UMATILLA
Cayuse
Walla Walla
FORT TOTTEN
RED LAKE
WHITE EARTH
LEECH LAKE
STANDING ROCK
SISSETON
Iroquois
Mohawk
Oneida
Onondaga
Mohegan
Wampanoag
Crow
Northern Cheyenne
CHEYENNE RIVER
Sioux
Klamath
Menominee
Ottawa et Chippewa
Chippewa
Potawatomi
Tuscarora
Cayuga
Seneca
Narragansett
Shinnecock
Pequot
Poosepatuck
DUCK VALLEY
Paiute
Shoshone
FORT HALL
Arapaho.
SHOSHONE
Shoshone
CROW CREEK
YANKTON
Modoc
Paiute
PYRAMID LAKE
WALKER RIVER
Shoshone
Paiute
Washoe
Goshute
PINE RIDGE
ROSEBUD
SANTEE
Winnebago et Omaha
Sac et Fox
Chicago
Milwaukee
Cleveland
Philadelphie
San Francisco
CALIFORNIA RANCHERIAS
UINTAH ET OURAY
Ute
Paiute
Miami
Iowa
Kickapoo
Potawatomi
Nanticoke
Washington
Chickahominy
KAIBAB
Navajo
Jicarilla
Santa Fe
Havasupai
COLORADO RIVER
Hualapai
Yavapai
Hopi
Gallup
Osage
Ponca
Oklahoma City
Cherokee
Lumbee
Catawba
MISSION INDIAN RESERVATIONS
Phoenix
Zuni
Pueblo
Yuma
Mohave
Chemehuevi
Pima
et Maricopa
Yaqui
FORT APACHE
Apache
WHITE MOUTAIN
Mescalero
Papago et Pima
Choctaw
Creek
Coushatta
Tunica
Coushatta
Chitimacha
Seminole
Miccosukee
Réserve indienne fédérale
Réserve des États
Peuple sans territoire alloué
Peuples et groupes « éteints » par décret fédéral
ROSEBUD Nom de réserve
Sioux Nom de peuple

feu. Comme les flammes montaient, il dit à l'intention du vieux :

— Les femmes âgées sont souvent frileuses ; mieux vaut réchauffer celles-ci avant qu'elles n'attrapent du mal.

Voyant ses dernières alliées se consumer, Tête-Éclatée fut pris d'un malaise. Son teint verdit, sa peau se ratatina comme de l'écorce et il se changea en bûche. Feuille-Tendre prit le gros morceau de bois, le jeta sur le foyer et attendit qu'il se transforme en cendres.

Enfin débarrassé des maléfices qui obscurcissaient sa vie, le Brave retourna dans la hutte des sœurs et y récupéra le bas du corps de son frère. Ensuite, il se rendit dans la forêt, coupa la moitié de l'arbre auquel Deux-Yeux était retenu prisonnier et reconstitua son aîné.

Redevenu normal, Deux-Yeux fit jouer ses orteils et se déclara satisfait. Il réapprit à marcher et put bientôt battre son cadet à la course.

À quelque temps de là, les deux frères se rendirent dans une contrée où ne vivait aucun Mauvais-Esprit. Ils épousèrent chacun trois femmes et eurent douze enfants. C'est ainsi que put se transmettre l'abominable histoire de Tête-Éclatée.

IX. INDIENS CADDO

LA JEUNE FILLE BISON

Cette affaire se passa à une époque où la terre n'était pas ce qu'elle est aujourd'hui.

Une-Seule-Flèche était un habile chasseur et aucun Indien ne pouvait rivaliser d'adresse avec lui. Chaque jour il rapportait du gibier dans la tribu ; il ravitaillait même les vieux et les impotents, et chacun lui vouait une grande estime.

Une-Seule-Flèche aimait surtout abattre le bison. Ces grosses bêtes exerçaient une véritable fascination sur sa personne et il n'avait de cesse de les traquer. Les bisons avaient tant à souffrir de son acharnement qu'ils se réunirent et convinrent de lui tendre un piège.

Un jour, à la saison de l'herbe haute, Une-Seule-Flèche rencontra une jeune fille dans la plaine. Comme elle était très belle, il lui cria son nom.

— Viens parler avec moi, répondit-elle. Je me nomme Petits-Pieds, je m'ennuie de ma solitude et je cherche un époux.

Subjugué par sa voix et sa grande beauté, Une-Seule-Flèche s'avança, posa sa main sur son épaule et l'épousa sur-le-champ.

— As-tu des parents ? interrogea le jeune chasseur.

Elle déclara :

— J'en ai. Mais si tu veux que je reste avec toi, tu ne dois me poser aucune question à leur sujet.

Une-Seule-Flèche accepta et il mena Petits-Pieds dans son village. La jeune femme était si gaie que le Brave ne voulut plus la quitter. Il prit l'habitude de chasser moins fréquemment et ne rapporta plus de viande que pour son épouse. Les vieux se restreignirent et les impotents aussi.

Lorsque vint la saison où les pousses sortent de la terre, Petits-Pieds dit à son mari :

— J'ai envie de visiter ma famille. Accepteras-tu de m'accompagner ?

Une-Seule-Flèche, qui ne voulait pas se séparer de sa femme, déclara qu'il désirait la suivre.

— C'est bien, dit-elle. Seulement je te préviens, tu ne devras t'étonner de rien, même si tu vois des choses extraordinaires.

Il promit et elle ajouta :

— De plus, tu ne dois prendre aucune arme avec toi. Mes parents sont très craintifs et tu leur ferais peur.

Une-Seule-Flèche trouva cela un peu bizarre mais il opina néanmoins.

Ils partirent au moment où la rosée mouille les mocassins. La jeune femme ouvrait la piste et le jeune homme marchait à sa suite.

Ils traversèrent ainsi une immense forêt et franchirent une chaîne de montagnes. Derrière ces hauteurs s'étendait une grande plaine. Des milliers de bisons broutaient l'herbe verte.

— Voici mon peuple, dit Petits-Pieds. Mes parents sont là aussi.

Comme il s'y était engagé, Une-Seule-Flèche ne manifesta pas son étonnement.

La jeune femme ajouta :

— Mes frères les bisons sont très en colère contre toi car tu as fait de grands ravages parmi eux. Pourtant, si tu fais tout ce que je t'indique, il ne t'arrivera rien de fâcheux.

— Que dois-je faire ? interrogea le chasseur.

— Ton apparence risque de les irriter. Roule-toi deux fois dans l'herbe et cela ira mieux après.

Petits-Pieds montra l'exemple et Une-Seule-Flèche l'imita. Lorsqu'ils se redressèrent, tous deux étaient changés en bisons.

— De cette façon ils oublieront plus facilement que tu es un homme, dit la jeune femme. Maintenant, tu dois aller saluer mes parents. Afin de les reconnaître dans le troupeau, sache que ma mère porte une estafilade sur le front. Mon père a une corne cassée, ma tante a la queue coupée et mon oncle boite légèrement. Quant à mes frères et à mes sœurs, ils ont tous de l'herbe sèche dans le nez.

Guère plus rassuré qu'une grenouille dans la gueule du serpent, Une-Seule-Flèche s'avança vers la harde. Un sourd grondement monta à son approche. Cependant, aucun bison ne l'attaqua.

Grâce aux renseignements que lui avait donnés sa femme, le chasseur put identifier sa famille et la saluer courtoisement. Les animaux l'invitèrent à paître en leur compagnie. Toutefois, en dépit de leur apparente amabilité, Une-Seule-Flèche remarqua qu'ils lui avaient laissé l'endroit où la verdure était moins grasse et moins abondante.

Le soir, Petits-Pieds dit à son époux :

— Demain les jeunes disputeront une épreuve avec toi. Si tu la gagnes, tu seras considéré comme un bison et tu n'auras plus à redouter de représailles. Si tu la perds, tu seras mis à mort.

— En quoi consiste cette épreuve ? questionna le chasseur.

— Il s'agit d'une course, précisa la femme.

Une-Seule-Flèche ne ferma pas l'œil de la nuit. Il en profita pour masser ses jambes avec de la graisse d'ours. Ensuite il peignit des plumes d'oie sauvage sur son torse et des bois de cerf sur ses mollets.

Quand l'aube pointa au-dessus des tepees, Petits-Pieds lui dit :

— Je ne veux pas qu'il t'arrive malheur car je m'aperçois que je t'aime. Je vais donc t'aider. Voici quatre objets qui te seront précieux. Le premier est un caillou. Le second est une feuille d'érable. Le troisième est une boulette de glaise et le dernier un brin d'herbe. Dès le début de la course, tu devras distancer tes adversaires. Si tu vois qu'ils te rattrapent, jette ces objets derrière toi l'un après l'autre. Mais sépare-t'en judicieusement, je ne puis t'en offrir plus.

Lorsque le départ fut donné, Une-Seule-Flèche courut aussi vite qu'il le put et prit un peu d'avance. Malheureusement, il n'était un bison que depuis peu et ses forces déclinèrent vite. Alors, sans ralentir, il jeta le caillou derrière son dos. Cette pierre donna naissance à un éboulis de gros rochers pointus. Les bisons durent ralentir pour le franchir et plusieurs s'y brisèrent les membres.

Plus loin, Une-Seule-Flèche vit que ses poursuivants le talonnaient encore. Il jeta la feuille. Une forêt touffue sortit instantanément de terre. Les bisons perdirent du temps à se glisser entre les troncs.

Puis la course reprit et les animaux regagnèrent le terrain perdu. Une-Seule-Flèche jeta la boulette de glaise. Un marécage le sépara des bisons. Ceux-ci s'enlisèrent, mais reprirent finalement la course.

Le jeune homme jeta alors le brin d'herbe. Une faille profonde s'ouvrit dans le sol. Les frères de Petits-Pieds ne purent franchir ce précipice et durent le contourner.

Pendant ce temps, Une-Seule-Flèche atteignit le but et gagna l'épreuve. Il était si épuisé et avait le souffle si court qu'il dut rester allongé sous un tepee toute la journée.

Le lendemain, les bisons vinrent paître autour de lui et il crut remarquer dans leurs yeux un peu moins d'animosité.

Petits-Pieds dit à son époux :

— Les choses ont l'air de s'arranger un peu mieux pour toi. Ta vie est sauve, mais plusieurs grands mâles te reprochent encore d'avoir été leur plus cruel ennemi. Tu peux faire cesser cette hostilité en allant leur déclarer que jamais plus tu ne chasseras le bison.

Une-Seule-Flèche acquiesça. De toute façon, maintenant qu'il avait appris à connaître ces gros animaux pacifiques, il n'avait plus envie d'en tuer un seul.

Petits-Pieds réunit le troupeau. Elle dit :

— Écoutez tous. Mon mari a quelque chose à vous dire.

Une-Seule-Flèche prit la parole :

— Amis, considérez ces mots comme une promesse. J'ai décidé de ne plus prendre la vie d'un bison.

Tout aussitôt, des cris de joie éclatèrent dans le troupeau. Reconnaissants, les bisons félicitèrent l'ancien chasseur et lui firent fumer le calumet de paix. Durant la cérémonie qui s'ensuivit, les nouveaux amis d'Une-Seule-Flèche changèrent son nom. Ils l'appelèrent Esprit-du-Bien et lui offrirent un grand banquet.

À la fin de la Lune-où-la-Glace-fait-craquer-le-Bois, Esprit-du-Bien regagna son village en compagnie de sa femme. En route, ils se roulèrent deux fois sur le sol et retrouvèrent leur forme humaine.

Lorsque le père du jeune homme lui demanda où ils étaient allés, Esprit-du-Bien dit seulement qu'ils avaient rendu visite à la famille de la jeune femme et qu'il avait un nouveau nom. Pressentant un mystère, le père n'insista pas.

La disette régnait dans la tribu et les gens du village étaient heureux du retour de leur meilleur chasseur. Mais celui-ci délaissait ses armes et restait sous son tepee. Quand on lui demandait pourquoi il n'allait plus chasser, il répondait évasivement.

À la Lune-où-l'Écorce-verdit-sur-les-Troncs, Petits-Pieds donna un fils à son mari. Il fut nommé Enfant-de-la-Plaine, et personne ne trouva cela drôle.

Lorsque la famine creusa les ventres, les hommes valides décidèrent de traquer le bison. C'est alors que Petits-Pieds intervint. Elle déclara à la tribu :

— Attendez, ne vous pressez pas. J'ai peut-être un moyen pour vous soulager dans votre malheur.

Toute la nuit elle psalmodia une chanson magique. Le matin venu, elle dit :

— J'ai parlé en rêve au chef des bisons. Un troupeau va venir jusqu'à vous. Vous ne mourrez plus de faim, car vous pourrez tuer des bêtes pour satisfaire vos besoins. Mais le chef y met une condition : sur chaque animal abattu, vous ne pourrez prendre que la chair ou la peau. Jamais les deux sur le même bison. Ainsi, les victimes pourront revivre, la harde restera intacte et vous aurez toujours à manger.

Après ce discours, elle alluma un calumet de paix et le donna à fumer aux hommes du village.

Un gros troupeau de bisons bien gras se montra bientôt à l'horizon.

— Allez-y et faites comme j'ai dit ! cria Petits-Pieds aux hommes.

Et la chasse commença. Il suffisait de toucher un animal du bout du doigt pour qu'il tombe mort. Les chasseurs respectèrent leur engagement. Ceux qui ne voulaient que la peau afin de se vêtir laissèrent la chair. Ceux qui ne voulaient que la chair afin de se nourrir laissèrent la peau.

Après cette chasse fructueuse, les bisons abattus se remirent debout et rejoignirent leurs compagnons.

La vie était maintenant facile dans la tribu. Il suffisait de demander à Petits-Pieds de faire venir les bisons pour que chacun trouve l'abondance. À ce régime, les hommes reprirent des forces et les mères eurent à nouveau du lait.

Hélas, à mener une existence aussi facile, les femmes devinrent trop grosses et les chasseurs s'adonnèrent à la paresse. L'intérieur des tepees laissa à désirer. Les mères ne lavèrent plus leurs enfants et firent de la moins bonne nourriture. Les hommes ne fabriquèrent plus d'armes. Lorsque la corde d'un arc cassait, elle n'était plus réparée. Le bois des lances séchait et se brisait. Les vers rongeaient les empennages des flèches dans les carquois. Les chiens eux-mêmes dormaient tout le jour à l'ombre.

Enfin, les hommes oublièrent l'accord qu'ils avaient passé. Ils trouvèrent fatigant d'abattre deux bisons pour récupérer la chair et la peau. Ils prirent de quoi se vêtir et manger sur le même animal et les bisons furent incapables de ressusciter. Le troupeau fondit à vive allure, jusqu'au jour où il ne resta plus une seule bête. Et la famine réapparut.

Craignant le pire, Esprit-du-Bien dit à sa femme :

— Vois, les gens du village ressemblent à des spectres. Ils n'ont plus que la peau sur les os et plusieurs sont morts de faim ce matin. Ne peux-tu rien faire pour ces malheureux ?

— Même si je le voulais, je ne le pourrais pas, répondit Petits-Pieds. Personne n'a tenu sa promesse envers mes frères les bisons. Comment pourraient-ils croire en ces gens une seconde fois ?

— Qu'allons-nous devenir dans ces conditions ? se lamenta Esprit-du-Bien.

— Imite-moi et suis-moi si telle est ta volonté, répliqua sa femme.

Elle alla chercher son petit et le prit entre ses bras. Puis elle se roula deux fois sur le sol. La mère et l'enfant se transformèrent en bisons. Les deux animaux poussèrent un long mugissement, ils grattèrent la terre du sabot et s'éloignèrent en trottinant.

Estimant qu'ils auraient besoin de lui, Esprit-du-Bien resta auprès des gens de son village. Il tenta de chasser, mais il ne savait plus viser et était incapable de tendre son arc. Quand il tirait sur un bison, sa flèche atteignait un lapin. Les hommes avaient beau lui dire : « Chasse pour nous, tu es le meilleur et le plus habile », Esprit-du-Bien ne rapportait que des putois, des belettes ou des dindons délaissés par les renards qui les trouvaient trop maigres.

Devant ses insuccès, Esprit-du-Bien se découragea et resta bientôt sous son tepee. Un jour, fatigué et tenaillé par la faim, il décida de rendre son âme à l'Être-Éternel. Mais celui-ci n'en voulut pas. Il lui déclara :

— Que ferais-je de l'âme d'un chasseur qui a renié sa parole ? Avec toi, je condamne les habitants de ce village à vivre éternellement sur la terre.

Alors le jeune Brave devint un vieux mendiant.

Homme-Bien-Triste est son nouveau nom.

X. INDIENS WISHITA

LE JEUNE HOMME
QUI VOULAIT VIVRE SEUL

Il y a longtemps de cela, à une époque fort lointaine, un curieux jeune homme vivait dans la tribu des Wishita. Il se nommait Petite-Corne et n'avait encore aimé aucune femme. Ce Brave ne recherchait pas la compagnie des jeunes filles. Alors que les autres jeunes gens de son âge avaient déjà plusieurs épouses et habitaient leur propre tepee, Petite-Corne restait seul et vivait dans sa famille.

Les gens du village trouvaient cette conduite pour le moins bizarre, d'autant que Petite-Corne était reconnu par tous comme un bon chasseur et qu'il n'était nullement difforme. Il ne répondait pas aux regards des filles à marier. Et si par hasard l'une d'elles se glissait la nuit à son côté sur sa couche, il la chassait en lui jetant des pierres et lui criait des injures.

De plus, Petite-Corne ne participait pas aux jeux des autres Indiens. Il chassait seul et, lorsqu'il revenait, il n'avait jamais rien à raconter.

Cette attitude étrange faisait jaser les Wishita. Un bon nombre pensaient que Petite-Corne était sous l'emprise d'un Mauvais-Esprit qui voulait l'attirer à lui. En conséquence, le soir au feu de camp, les hommes s'asseyaient souvent en cercle autour de lui et chantaient des incantations destinées à éloigner le Mauvais-Esprit de sa cervelle. Quand les hommes s'éloignaient, les filles à marier défilaient alors devant le jeune homme, en essayant de se faire remarquer. Mais il n'en retenait jamais aucune et partait dormir tout seul sous son tepee.

La consternation régnait dans l'entourage de Petite-Corne.

Dans le village voisin habitait une jolie jeune fille. Elle se nommait Blanc-Duvet et se comportait avec les hommes de la même façon que Petite-Corne avec les femmes. Jamais elle n'allait chercher de l'eau avec les autres filles et toujours elle baissait les yeux quand elle croisait un garçon. Les vieilles de la tribu avaient beau lui dire que ce n'était pas un bon moyen pour trouver un époux, elle ne changeait pas d'attitude.

Or, une nuit, poussée par une force mystérieuse, Blanc-Duvet se leva et sortit de sa tente. Elle marcha sans savoir où elle allait.

De son côté, animé par un identique sentiment, Petite-Corne décida de faire une promenade.

Les deux jeunes gens se rencontrèrent à l'orée du bois. La lune chantait et les étoiles dansaient une ronde.

— Voici le jeune homme dont j'ai rêvé, mais je ne connais pas son nom, dit Blanc-Duvet.

— Voici quelqu'un avec qui j'aimerais bien parler, mais je ne connais pas son nom, dit Petite-Corne.

— Mes parents m'appellent Blanc-Duvet, dit la fille.

— Ma famille me nomme Petite-Corne, dit le garçon.

Ils s'épousèrent et allèrent bâtir leur tepee dans un endroit désert.

Après quelque temps, quand les cerfs eurent perdu leurs bois, Blanc-Duvet mit au monde un petit garçon.

Petite-Corne était heureux d'avoir un fils. Il chassait et revenait chaque soir avec de la viande pour sa femme et son enfant. Il tannait les peaux les plus douces et se chargeait des plus durs travaux.

Jusqu'au jour où le Brave se lassa de cette vie routinière. Il regrettait ses longues randonnées solitaires et prit l'habitude d'aller chasser de plus en plus loin. Souvent même, il restait plusieurs nuits sans rentrer, laissant sa famille sans protection. Blanc-Duvet s'ennuyait et l'enfant demandait des nouvelles de son père.

Un jour, la jeune femme se dit : « Mon époux a repris ses habitudes d'antan et il me délaisse réellement trop. Je vais retourner chez mes parents. »

Elle prit son enfant et rentra chez les siens.

Peu de temps après, Blanc-Duvet apprit que Petite-Corne avait lui aussi regagné son village. Elle songea : « J'aurais préféré savoir qu'il était mort à la chasse. »

Elle saisit son enfant dans ses bras et se rendit dans la tribu où vivait désormais son mari.

Les Braves siégeaient en conseil de guerre et Petite-Corne était parmi eux. En dépit de la loi interdisant aux femmes de pénétrer dans le cercle, elle s'avança, déposa le garçon dans les bras de son père et s'en alla.

Petite-Corne le coucha sous le tepee de ses parents. La nuit, l'enfant pleura.

— Fais quelque chose pour lui, dit Petite-Corne à sa mère.

— Je n'ai plus de lait depuis ton sevrage, répondit la vieille femme. Retrouve ton épouse, elle le nourrira.

Au matin, Petite-Corne partit sur les traces de Blanc-Duvet. Il traversa une plaine, un marécage, un bois, et la rejoignit au bord d'un lac. Il lui cria de loin :

— Reviens, femme ! Tu dois allaiter notre garçon.

Mais Blanc-Duvet ne répondit pas. Elle se déshabilla, se transforma en aigle et s'envola.

Comme l'oiseau décrivait des ronds au-dessus de sa tête, Petite-Corne cria une nouvelle fois :

— Aigle, ne t'éloigne pas ! Tu dois faire quelque chose pour cet enfant.

L'oiseau entendit l'appel. Il arracha une plume de son cou avec son bec, piqua et la déposa sur le front du nourrisson.

Aussitôt, celui-ci se changea en aiglon. Il rejoignit sa mère dans le ciel et tous deux disparurent au-dessus des montagnes.

Petite-Corne s'assit sur une grosse pierre et réfléchit durant toute une lune à cette métamorphose. Enfin, désespéré, il se déshabilla à son tour, se jeta à l'eau et prit l'apparence d'une loutre.

Dès lors, il resta pour toujours au fond du lac. Bien que personne n'en sût rien chez les Wishita, des mauvaises langues prétendirent qu'il vivait retiré en compagnie d'une vieille carpe et qu'il regrettait son ancienne et belle épouse. Mais ce ne sont que des mots apportés par le vent.

Toujours est-il que, depuis ce temps, les hommes de la tribu regagnent leur tepee le soir après la chasse… même s'ils sont habités par un Mauvais-Esprit.

XI. INDIENS ATHABASKA

L'HOMME MÉCONTENT DE SA FEMME

Dans le nord d'un pays ingrat, en un lieu où la neige était si épaisse que les élans y disparaissaient jusqu'aux bois, habitait un couple sans enfants. Cet homme et cette femme ne vivaient pas en bonne harmonie.

Quand le soleil s'enveloppa dans son épais voile de brume, aux abords de la Lune-où-les-Hermines-deviennent-Blanches, la dissension empira dans le foyer. Les chasses étaient difficiles en cette période de l'année. Les grands cervidés avaient déserté les forêts et les loups eux-mêmes étaient partis vers le sud. L'homme ne relevait plus de traces de gros gibier et devait se contenter de petits rongeurs immobilisés par le froid. Après avoir peiné tout le jour, le chasseur s'estimait heureux lorsqu'il rapportait une minuscule belette, un rat musqué ou un castor.

Devant d'aussi maigres victuailles, la femme bougonnait et reprochait à son époux de ne pas se donner plus de mal. Et plus il lui disait que les animaux avaient fui vers des contrées plus clémentes, plus elle lui faisait des reproches. Un jour, elle s'écria :

— J'ai épousé le plus mauvais des chasseurs qui soient. À la belle saison, je partirai me chercher un autre homme.

Dès cet instant son mauvais caractère empira. Un rien la mettait en colère, et elle en vint à adopter un regrettable comportement. Elle réclamait sans cesse à manger et n'avait plus que cela en tête.

Un soir, le chasseur regagna la cabane avec un petit renard des neiges. La femme en fit aussitôt un ragoût. Mais elle ne donna à son mari que les pattes, les oreilles et la queue de l'animal. Elle engloutit les bons morceaux devant lui comme s'il n'était pas là. Étonné, l'homme lui dit :

— Es-tu folle ! Veux-tu me voir mourir de faim ?

Elle répondit en terminant les cuisses et le râble :

— C'est bien assez pour un paresseux. Je dois absorber plus de nourriture que toi pour avoir la force d'allumer du feu.

Le lendemain, le chasseur revint avec un corbeau. La femme le fit cuire. Puis elle but le bouillon et mangea les parties charnues. Elle ne laissa à son mari que les plumes et les entrailles. De plus en plus étonné, l'homme remarqua :

— Si tu ne partages pas de façon plus équitable, je serai bientôt incapable de me lever pour aller chasser.

Elle rétorqua :

— Tue un ours et il y en aura pour deux.

Il expliqua que les ours dormaient au fond des cavernes et ne sortiraient de leur trou qu'à la belle saison. Elle grogna, émit un rot de satisfaction et alla dormir. Le chasseur n'eut plus qu'à ronger les os et à aller se coucher le ventre creux.

Et les choses continuèrent ainsi. L'homme sortait pourtant chaque jour et s'épuisait davantage. Il maigrissait, alors que sa femme grossissait. Enfin, las de cette pratique pour le moins surprenante, le chasseur alla trouver un vieux sapin et lui conta toute l'histoire.

— Cette femme est folle, elle met vos deux vies en danger, conclut l'ancêtre de la forêt. Selon mon opinion, il n'y a qu'une solution au problème.

— Laquelle ? demanda anxieusement l'homme. Donne-moi vite un conseil avant que je ne perde toutes mes forces.

— Eh bien, il ne te reste plus qu'à prendre à ton compte les tâches de ton épouse et à lui laisser les tiennes.

— Mais elle est incapable de chasser.

— Justement. Fais comme je te dis et tu verras le résultat.

Le chasseur remercia le vieux sage et revint vers sa cabane. En route, il tua un lapin et le cacha sous son manteau.

L'épouse attendait son mari devant la porte. Voyant ses mains vides, elle s'emporta :

— Tu es resté parti bien longtemps. Tu dois avoir une bien petite prise pour pouvoir la cacher au creux de ta paume.

L'homme tendit ses deux mains ouvertes et dit :

— Je n'ai malheureusement rien. J'ai vu un aigle mais, hélas ! je n'ai pas réussi à sauter assez haut pour l'attraper.

Et il alla se coucher sans ajouter un mot.

Le lendemain à l'aube, le chasseur resta allongé sur sa couche. Sa femme le secoua :

— Lève-toi et va chasser. Je vais dépérir si tu passes la journée à dormir.

— Vas-y à ma place, répliqua l'homme. Pendant ce temps, j'allumerai le feu et, ce soir, je ferai rôtir l'ours que tu rapporteras.

Puis il lui tourna le dos et fit semblant de ronfler.

La femme entra dans une colère folle. Elle tempêta, fit du tapage, cogna deux écuelles l'une contre l'autre. Mais rien n'y fit : le chasseur ne bougea pas.

Finalement, la mégère se couvrit d'une chaude couverture et sortit de la cabane.

Dès qu'elle se fut éloignée, le chasseur se leva. Il alluma le feu et fit cuire son lapin. Ensuite, il le dévora en entier et se sentit bien mieux.

L'homme passa de cette manière toute la mauvaise saison. Il posait des pièges, des collets et mangeait tout ce qu'il prenait. Il grossit et reprit des forces.

Quand les rayons du soleil commencèrent à percer la brume, le chasseur pensa : « Tiens, c'est bizarre, mon épouse n'est pas revenue. Peut-être s'est-elle perdue dans les bois et a-t-elle besoin de moi ? Je vais aller à sa recherche. »

Il suivit les traces qu'elle avait laissées dans la neige et, après trois jours, arriva devant une hutte. Il entra et trouva son épouse en compagnie d'un autre homme. Ce dernier avait l'apparence d'un spectre, ses joues creuses laissaient pointer les os de son visage et sa peau était d'une pâleur à faire peur. Ses mains étaient d'une maigreur effrayante et son cou si fin qu'on se demandait comment sa tête pouvait tenir sur ses épaules.

— Que viens-tu faire ici ? demanda l'homme d'une voix mourante. Es-tu égaré ?

— Non, répondit le chasseur. Je cherchais mon épouse et je l'ai trouvée.

L'homme squelettique considéra la grosse femme assise à son côté et dit avec une évidente satisfaction :

— Si cette baleine constamment affamée est la tienne, tu peux la prendre. J'en trouverai une autre qui mangera moins.

— Je ne veux surtout pas t'en priver ! s'exclama le chasseur. Garde-la, avec moi elle maigrirait.

Ayant dit, il sortit et reprit la piste menant à son logis.

En chemin, il passa devant le grand sapin.

— As-tu suivi mon conseil ? demanda celuici.

— Exactement, dit le chasseur. Et je t'en remercie.

— Que s'est-il passé ?

— Mon épouse est toujours aussi grosse et elle habite maintenant avec un squelette vivant.

— N'as-tu pas froid au cœur de cette séparation ? questionna encore le vieil arbre.

Pour toute réponse, l'homme laissa fuser un long rire. Son souffle fit fondre la neige et la terre verdit.

XII. INDIENS KATO

L'ENFANT QUI PLEURAIT TROP

Il faisait chaud depuis une lune déjà. Une femme eut un enfant dans la deuxième partie du jour. Elle le nomma Soleil-Couchant.

Au cours de la nuit qui suivit, le bébé pleura sans cesse. Au matin, les femmes de la tribu vinrent voir la mère. L'une d'elles lui dit :

— Personne n'a pu fermer l'œil du coucher au lever. Ton fils pousse des cris effrayants, ne peux-tu le faire taire ?

— Je ne sais pas ce qu'il a, répondit la femme. Il n'est pas comme les autres nouveau-nés. J'ai voulu le nourrir, mais il refuse mon lait. J'ai dans l'idée que cet enfant est anormal.

Une vieille baigna le nourrisson, inspecta minutieusement son corps, regarda dans sa gorge, examina ses oreilles et son nez, et ne trouva aucune explication à son étrange conduite.

— Ce n'est rien, dit la vieille en conclusion. Il souffre probablement de la chaleur.

Les femmes se retirèrent et l'enfant continua à pleurer durant huit jours et huit nuits. À la fin, la mère alla trouver la vieille.

— Soleil-Couchant refuse toujours la nourriture que je lui offre. Il n'a rien avalé depuis sa naissance et je n'en puis plus de l'entendre crier. J'ai besoin de me reposer ; garde-le près de toi, je le reprendrai demain. Décidément cet enfant n'est pas normal.

La vieille coucha le petit sur un lit de feuilles et de mousse bien fraîche. Néanmoins, il n'arrêta pas pour autant de pleurer. Dès l'aube, la vieille ramena le nourrisson à sa mère.

— Je n'ai rien pu faire pour lui. Je ne sais pas ce qu'il a. Son nom ne lui convient peut-être pas ?

Le Sorcier fut mandé. Il cria par trois fois dans chaque oreille de l'enfant les noms les plus doux et les plus enviés. Hélas, aucun changement ne se produisit, les cris du bébé ne diminuèrent pas.

Le Sorcier le frotta alors avec de la peau de serpent et lui enduisit le cou avec de la graisse d'ours. Ses hurlements ne cessèrent pas. Au contraire, certains affirmèrent qu'il pleurait plus fort.

À bout de ressources, le sorcier déclara :

— Mes meilleures médecines demeurent inefficaces. Cet enfant n'est pas normal. Peut-être est-il rongé intérieurement par un Mauvais-Esprit.

Et, une lune plus tard, le nouveau-né hurlait toujours.

Les Sages organisèrent un conseil. La mère se plaça au centre du cercle avec son bébé et dit à l'assemblée :

— Je n'en puis plus d'entendre mon fils crier. Il ne veut toujours rien manger et son apparence commence à m'effrayer. Voyez, des cornes poussent sur son front et ses pieds grandissent démesurément.

Consulté, le Sorcier déclara :

— En effet, Soleil-Couchant est assez terrifiant. Jamais je n'ai vu un tel enfant et celui-ci est bien capable d'attirer le malheur sur nous. Je préconise de le suspendre à un arbre dans son berceau[1] et de fuir loin d'ici.

Soleil-Couchant fut donc pendu à une branche et la tribu partit en direction du sud.

Après trois jours de marche, la mère n'entendit plus les cris de son petit. « Il doit être

1. Les bébés indiens étaient attachés à un bâti de bois que les mères pouvaient porter sur leur dos ou suspendre à un arbre.

mort et sans doute n'y a-t-il plus de danger. Nous devrions revenir en arrière et le poser sur un échafaud funéraire[1]. »

Guère rassurés, les gens acceptèrent néanmoins, pour faire plaisir à la mère.

Quand la tribu fut revenue sur ses pas, elle trouva le berceau vide. La femme reconnut sur le sol les empreintes de son fils.

— Il s'est éloigné vers le nord, dit-elle. Vers le pays des Mauvais-Esprits. Nous devons le rattraper et le sauver.

À la vue de son chagrin et à l'écoute de ses craintes, les gens acceptèrent de la suivre.

En chemin, ils découvrirent des cendres parmi lesquelles fumaient des pommes de pin à moitié calcinées.

— Voici la preuve que Soleil-Couchant n'est pas mort, dit la mère. Continuons et aidez-moi à le retrouver.

La tribu se remit en route une nouvelle fois. Plus loin, à une journée de marche, elle trouva un autre campement. À côté des pierres du foyer, il y avait des têtes de saumons.

— C'est bizarre, dit le Sorcier. On ne trouve pas de saumon dans cette région, nous sommes beaucoup trop haut dans le nord. Cet enfant

1. Les Indiens nomades déposaient leurs morts, à l'abri des bêtes sauvages, sur de hauts bâtis de bois. L'année suivante, ils plaçaient leurs restes dans un ossuaire.

n'est vraiment pas ordinaire. Il ne faut pas le poursuivre davantage. Nous risquons de pénétrer dans le Pays-des-Ombres sans nous en rendre compte.

Mais, devant les larmes de la mère, les gens de la tribu décidèrent de continuer à marcher vers le nord.

Quand la Lune-Mordue apparut dans le ciel, les éclaireurs perdirent la trace. La mère se lamenta.

— Mon petit est maintenant introuvable. Comment allons-nous faire ?

— Cesse tes pleurs, dit le Sorcier. Voici un canard sauvage, je vais lui demander d'aller à la recherche de ton fils.

Le volatile était aimable. Il écouta la description de Soleil-Couchant et partit à tire-d'aile.

Après avoir survolé une montagne, le canard rencontra un vieux bonhomme qui cherchait des champignons dans un bois.

— N'as-tu pas vu un très jeune garçon passer par ici ? lui demanda-t-il.

— Si, j'en ai aperçu un, répondit le vieux. Il portait des cornes sur la tête et ses pieds étaient aussi grands et aussi larges que des raquettes à neige. Il m'a fait peur et je ne lui ai pas parlé.

— Et as-tu vu la direction qu'il prenait ?

— Il allait vers la rivière.

En remerciement, le canard s'arracha une plume et l'offrit au vieux. Puis il vola jusqu'au cours d'eau et trouva le garçon.

Ce dernier venait de jeter deux bâtons dans l'eau. Les bouts de bois se changèrent aussitôt en saumons. Soleil-Couchant les pêcha. Il s'apprêtait à les faire cuire quand l'oiseau l'interpella :

— Ta mère est éplorée. Reviens vite vers le sud.

— Ai-je une mère vers le sud ? demanda l'enfant.

— Ta famille pleure ton absence, reprit le canard.

— Ma vraie famille habite dans le nord et je vais la rejoindre, dit l'enfant.

— C'est bon, fit l'oiseau.

Le canard sauvage repassa la montagne, retrouva la tribu et fit part des propos de Soleil-Couchant.

— Ce n'est guère prudent d'aller plus loin, conseilla l'oiseau. D'autant que ce jeune garçon n'a pas l'air engageant.

Mais la mère supplia :

— Aidez-moi, je veux retrouver mon enfant.

Bien qu'elle estimât que c'était une folie, la tribu se remit en route. La température baissait et les feuilles se faisaient plus rares aux branches des arbres. Bientôt, une brume s'éleva et alla en s'épaississant.

— Il ne serait plus prudent d'avancer encore, dit le Sorcier.

Mais la mère n'entendit pas ces paroles de sagesse. Elle s'enfonça dans le brouillard en criant :

— Ohé, Soleil-Couchant ! Où es-tu ? Réponds-moi ! Ohé, Soleil-Couchant !...

Puis ses cris cessèrent et on ne la revit jamais.

Depuis cette épouvantable histoire, lorsqu'un enfant pleure chez les Kato, on sait qu'il est habité par un Mauvais-Esprit, mais la mère refuse qu'on le suspende à un arbre.

XIII. INDIENS FOX

LE JEUNE HOMME TROP DIFFICILE

Les chasses étaient terminées, les réserves bien rangées et les hommes pouvaient flâner autant qu'ils en avaient envie. L'un d'eux décida de combler son oisiveté en se cherchant une femme. Alors qu'il se reposait sous un saule, une jeune fille passa. Tout de suite, il en devint amoureux et il lui demanda :

— Accepterais-tu de me prendre pour mari ? Je me nomme Double-Lune et je suis un très bon chasseur.

La jeune fille accepta et il l'emmena dans son tepee.

Quelques jours plus tard, il s'aperçut que sa femme avait perdu des dents. Il pensa : « Je me suis jeté sur la première venue et j'ai épousé une vieille chouette édentée. »

Il la quitta et retourna s'asseoir sous le saule.

Une jeune fille passa. Le jeune homme l'interpella :

— Je me nomme Double-Lune et, si tu le veux, je te prends pour épouse. À mon avis, tu ne peux trouver mieux.

La jeune fille sauta sur l'occasion et le jeune homme lui montra le chemin de son tepee.

Le lendemain, alors qu'il la contemplait, il remarqua que sa deuxième femme avait les yeux blancs. Il se dit : « Bigre, je me suis encore trop précipité. Voilà que j'ai épousé un poisson mort. »

Il l'abandonna et retourna s'installer sous son saule.

Une jeune fille vint à passer. Double-Lune s'extasia et s'écria :

— Je suis l'homme qu'il te faut ! Pourquoi ne deviendrais-tu pas ma femme ?

La jeune fille consentit à convoler et le jeune homme la conduisit tout droit dans son tepee.

Le lendemain, pendant qu'elle prenait son bain, Double-Lune constata que le corps de sa troisième épouse était couvert de verrues. Il songea : « Peste ! Je n'ai décidément pas de chance. J'aurais dû prendre le temps de mieux la regarder, voilà que j'ai introduit un horrible crapaud dans mon logis. »

Il jeta la fille dehors et courut se réfugier sous son saule.

Une douce jeune fille passa. Soudain très excité, le jeune homme lui dit :

— Veux-tu devenir ma femme ? Je crois pouvoir t'assurer qu'il te sera difficile de trouver meilleur époux.

La jeune fille acquiesça et le jeune homme l'entraîna jusque dans son tepee.

Le soir même, alors qu'elle se déshabillait pour se coucher, Double-Lune remarqua que sa quatrième épouse avait des bourrelets de graisse sur le ventre. Il bougonna intérieurement : « Fichtre ! Il n'y a donc aucune jolie fille dans cette tribu ! Ne dirait-on pas que je me suis marié avec une grosse panse de bison pleine d'herbe ? »

Complètement écœuré, il sortit et se rendit chez sa première femme. Lorsqu'il la vit, il lui dit :

— À mieux y réfléchir, j'ai décidé de te garder. Reviens, que je puisse te chérir comme tu le mérites.

La femme s'étonna :

— Tu prétendais pourtant qu'il me manquait des dents ?

— Pas du tout ! répliqua Double-Lune. Au contraire, j'aime beaucoup les femmes sans dents.

La femme se mit à rire :

— C'est bien regrettable car, vois-tu, mes dents ont repoussé il y a quelques jours. Essaie de t'en trouver une autre qui soit édentée.

Dépité, Double-Lune alla voir sa deuxième femme. Il lui dit avec des yeux pleins d'admiration :

— Je m'aperçois que je ne peux pas me passer de ta grande beauté. Reviens, je te rendrai heureuse.

La femme remarqua :

— Je croyais que tu avais horreur des prunelles blanches ?

— Nullement ! rétorqua Double-Lune. Les yeux blancs me fascinent énormément ; jamais je ne pourrai vivre auprès d'une femme qui les a autrement.

La femme le repoussa doucement de la main.

— Alors, dans ce cas, tu vas devoir en chercher une autre. Depuis que tu m'as quittée, mes yeux sont devenus noirs.

Grandement contrarié, Double-Lune se rendit chez sa troisième femme. Il lui dit avec passion :

— Je ne cesse de rêver à toi. Reviens, je te ferai dix enfants.

La femme montra sa suspicion :

— Mais ne disais-tu pas que mes verrues te répugnaient ?

— Absolument pas ! mentit effrontément Double-Lune. Dis plutôt que je trouve les femmes à la peau rugueuse absolument délectables.

L'épouse délaissée prit un air contrarié :

— Il fallait m'en avertir avant. Après notre séparation, je me suis frottée avec le suc de la plante aux feuilles rouges. Et maintenant j'ai la peau toute lisse. En cherchant sérieusement, il ne fait aucun doute que tu trouveras une jeune fille à la peau rêche.

Abasourdi, Double-Lune reprit le chemin de son tepee où vivait sa quatrième femme. En la voyant, il lui susurra :

— Je suis très heureux que tu sois encore là. Ton charme m'enchante et des mauvaises langues m'ont dit que tu t'apprêtais à me quitter. Je veux passer toute mon existence en ta précieuse compagnie.

La femme parut sceptique :

— Ne m'as-tu pas déclaré que tu n'aimais pas les grosses filles ?

— Quelle erreur ! s'exclama Double-Lune. Rien n'est plus agréable et plus admirable qu'une femme bien grasse. Reste, je serai aux petits soins pour toi.

— C'est trop tard, constata la quatrième épouse. En ton absence, j'ai passé un long moment dans la tente à sudation et je suis maintenant toute mince. Il ne me reste plus qu'à partir en te souhaitant de trouver une vieille chouette édentée, ou un poisson avec des yeux blancs, ou un crapaud bien rugueux, ou encore une panse de bison pleine à éclater.

Là-dessus elle sortit en fredonnant une chanson.

Double-Lune resta célibataire. Il y avait une bonne raison à cela : ces quatre filles étaient encore les quatre seules à vivre sur la terre.

XIV. INDIENS FOX

LE GARÇON QUI NE POUVAIT VIVRE SANS SA SŒUR

Une jeune fille récoltait des fraises sauvages en compagnie de son petit frère. Elle était douce, sans méchanceté, et s'appelait pour cela Frisson-du-Vent. Le garçon, qui n'en finissait pas de grandir, se nommait Ver-dans-la-Branche. Lorsque leur cueillette les amena à proximité du lac, la fille s'approcha trop près du bord, son pied glissa et elle tomba à l'eau.

Le Génie-du-Lac vint à passer par là. Il aperçut Frisson-du-Vent parmi les plantes aquatiques et pensa : « Voilà qui fait bien mon affaire. » Il prit la jeune fille sous son bras et l'emmena dans la grotte qu'il habitait avec son vieux père.

Quand le vieillard vit Frisson-du-Vent, il dit à son fils :

— Je te conseille de remettre cette jeune fille en liberté. Elle vient des terres émergées et ne peut rien apporter de bon aux gens qui vivent sous l'eau.

Mais le Génie-du-Lac crut que son père parlait ainsi par jalousie. Il garda donc Frisson-du-Vent et l'épousa.

Cependant, Ver-dans-la-Branche éprouvait de la peine d'avoir perdu sa sœur. Il venait chaque jour au bord du lac dans l'espoir de retrouver son corps. Néanmoins, il avait beau scruter la surface de l'eau du matin au soir, jamais il n'apercevait sa longue chevelure noire.

Or, un après-midi, alors qu'il pleurait assis sur le rivage, il vit apparaître Frisson-du-Vent.

— Comment, tu n'es donc pas morte ? s'écria-t-il.

— Non, répondit la jeune fille. Je suis maintenant la femme du Génie-du-Lac et je vis avec lui. Je suis très occupée et c'est pour cela que je n'ai pas pu venir te voir plus tôt.

— Viens jouer avec moi sur l'herbe, proposa l'enfant.

Pleine de tristesse, Frisson-du-Vent expliqua à son frère :

— Ce n'est malheureusement pas possible. Je ne peux pas marcher sur le sol ; mon mari m'a lié les jambes avec une grosse corde pour que je ne puisse pas m'enfuir.

Ver-dans-la-Branche rentra chez lui en pensant qu'il lui incombait de délivrer sa sœur. Il jeûna sept jours afin de se purifier et alla réclamer l'aide de l'Oiseau-Tonnerre.

Le jeune garçon gravit la montagne jusqu'à son sommet et gratta sur le bord du nid.

— Qui est là ? demanda une grosse voix.

— Je suis Ver-dans-la-Branche et j'ai besoin de toi, dit l'enfant.

— Dans ce cas, ne reste pas dehors, dit la voix.

Le garçon pénétra dans le nid et découvrit l'oiseau. En réalité, l'Oiseau-Tonnerre était un aigle, ses plumes étaient des éclairs et ses yeux recelaient la foudre.

— Tu es bien petit, dit le volatile. Que puis-je faire pour toi ?

L'enfant conta la mésaventure dont sa sœur était la victime.

— C'est bon, déclara l'oiseau. Je vais t'aider. Toutefois, il me sera impossible de la délivrer seul, car le Génie-du-Lac est très puissant. Tout d'abord, tu vas devoir faire appel à d'autres Manitous. Puis, le moment venu, ta sœur aura la charge de contribuer à sa propre délivrance.

— Et moi, que devrai-je faire ? demanda le garçon.

— Gagne la rive du lac et longe-la jusqu'à ce que tu aperçoives un grand pin au tronc légèrement tacheté. Plante ton tomahawk à la base de l'arbre et il tombera de lui-même. Ensuite, taille un canoë dans le tronc. Avec ce bateau, traverse le lac. Tu trouveras sur l'autre rive un haut tepee. Raconte ton chagrin au Manitou qui l'habite et fais ce qu'il te dira.

En remerciement, Ver-dans-la-Branche offrit un peu de tabac à l'Oiseau-Tonnerre. Et, sans perdre un instant, il se rendit au bord du lac, trouva le pin, l'abattit, tailla le canoë et traversa la grande étendue d'eau.

Le garçon parvint enfin devant un haut tepee. À l'intérieur, un curieux personnage fumait une pipe. Il avait un corps d'homme et une tête d'élan. L'enfant reconnut en lui le Manitou-des-Animaux-à-Poils.

— Que me veux-tu ? demanda l'homme-élan.

Ver-dans-la-Branche lui fit part de ses malheurs.

— C'est bon, je vais t'aider, décida le Manitou-des-Animaux-à-Poils. Va dans la prairie et déterre deux fleurs. Tu ne peux pas te tromper, l'une est rouge, l'autre est blanche, et elles poussent sur la même racine. Sépare ces fleurs et plante chacune d'elles sur une rive du lac. Ainsi le charme que le Génie-du-Lac exerce sur ta sœur perdra de son effet. Ensuite, lorsque tu auras terminé ce travail, va consulter la grue et demande-lui conseil.

Ver-dans-la-Branche offrit un collier de coquillages au Manitou. Ensuite, il trouva les fleurs, les sépara et alla les planter. Puis il fouilla entre les roseaux à la recherche de la grue. Il découvrit enfin un tepee dans lequel pleuraient des oisillons.

— Qui êtes-vous et qu'avez-vous ? demanda le garçon.

— Nous sommes les petits de la grue et nous avons faim, répondirent les poussins.

Ver-dans-la-Branche donna à chacun d'eux une poignée de pemmican. Pendant que les oiseaux mangeaient, la grue entra. Elle accrocha son manteau de plumes à un des montants du tepee et dit :

— Je te remercie de nourrir mes enfants. Que puis-je faire pour toi ?

La grue avait un long bec, des ailes et le corps d'un être humain. « Il s'agit certainement du Manitou-des-Animaux-à-Plumes », pensa l'enfant. Et il conta les tribulations de sa sœur.

— Très bien, je vais t'offrir mon aide, dit le gros oiseau. Il te faut trouver une poignée d'herbes coupantes. Elles permettront à ta sœur de se défaire de ses liens. Suis mes enfants, ils te montreront où trouver cette herbe.

La grue tendit son manteau de plumes à Ver-dans-la-Branche et ajouta :

— Tiens, enfile ça. Ainsi tu pourras voler et mieux suivre mes oisillons.

Le jeune garçon endossa le vêtement, vola jusqu'à un marécage et cueillit une grosse poignée d'herbes. À son retour, il rendit son habit à la grue et lui demanda :

— Que dois-je faire de ces herbes coupantes ?

— Donne-les à ta sœur quand tu la rencontreras, répondit l'oiseau. Maintenant, à ta place, j'irais voir le castor. Sans doute aura-t-il quelque chose à t'apprendre. J'ai dans l'idée que tu le trouveras quelque part sur la rivière.

Ver-dans-la-Branche rangea soigneusement ses herbes coupantes, monta dans son canoë et emprunta le cours d'eau. Un peu avant d'arriver à la source, un petit castor vint vers lui :

— Que cherches-tu dans cette contrée ? questionna-t-il. Les hommes ne viennent généralement pas par ici.

— Je veux parler à ton père, dit l'enfant.

Le castor lui fit signe de le suivre ; il plongea et Ver-dans-la-Branche nagea derrière lui.

Ils arrivèrent devant une hutte ronde. À l'intérieur, un être bizarre se balançait dans un hamac. Il avait de longues moustaches, des mains et une queue de castor. Pour le reste, il était constitué comme un homme. Le jeune garçon songea : « Ce doit être le Manitou-des-Animaux-Aquatiques. »

Cessant son mouvement de pendule, l'homme-castor interrogea :

— À quoi dois-je attribuer le plaisir de ta visite ?

Ver-dans-la-Branche expliqua une fois de plus ce qui était arrivé à sa sœur.

— La pauvre jeune fille ! gémit le Manitou aux longues moustaches. Je t'aiderai, mais j'ai besoin d'un autre allié. L'Oiseau-Tonnerre ferait très bien l'affaire...

— Justement, il est mon ami, coupa l'enfant.

— Dans ce cas tu es sauvé, reprit l'homme-castor. Ne perds plus un instant, va donner à ta sœur les herbes que t'a procurées la grue.

Ver-dans-la-Branche offrit au Manitou une plume de faisan et se rendit au lac. Parvenu sur le rivage, il cria :

— Ohé ! Viens vite, Frisson-du-Vent ! J'ai une heureuse nouvelle à te communiquer.

La jeune femme émergea de l'eau. Des écailles commençaient à recouvrir sa peau et ses yeux devenaient globuleux. « Il est grand temps de délivrer ma sœur », pensa-t-il.

Frisson-du-Vent s'ébroua pour chasser les plantes mêlées à ses cheveux et demanda :

— Que veux-tu, mon gentil petit frère ?

— Les Manitous vont bientôt te délivrer. Tiens, prends ces herbes, tu couperas tes liens lorsque le moment sera venu.

— Crois-tu qu'ils arriveront à me libérer de mon époux ? s'enquit la pauvre femme.

— Mes amis sont très puissants, assura le jeune garçon.

— Espérons-le, soupira Frisson-du-Vent. Maintenant tu dois m'excuser, je suis obligée de te quitter. Mon mari et son père sont très gourmands et je dois leur préparer des petits plats.

La jeune femme s'enfonça dans les eaux et Ver-dans-la-Branche s'assit sur une pierre.

L'enfant attendait depuis peu lorsque, venant du nord, un nuage noir apparut dans le ciel. Il grossit rapidement et occupa très vite toute la surface du lac. Une violente tempête éclata. L'Oiseau-Tonnerre sortit alors du nuage et survola l'eau. Dans un bruit formidable, des éclairs jaillirent de ses yeux. Transperçant l'élément liquide, ils atteignirent le fond, soulevant la vase et faisant éclater de gros rochers.

Dès le premier coup de tonnerre, Frisson-du-Vent commença à scier ses liens à l'aide des herbes coupantes. Mais elle était si émue, et ses liens si serrés, qu'elle entama ses jambes en même temps que la corde.

De son côté, le castor entreprit de construire une digue destinée à séparer le lac en deux parties. Ce travail avait pour but d'isoler le Génie-du-Lac de la femme qu'il retenait prisonnière.

L'Oiseau-Tonnerre lança ses dards avec tant de précision qu'il parvint à incendier le refuge où s'était retranché le Mauvais-Esprit. Le Génie-du-Lac s'enfuit en rampant sur le fond et gagna un abri qui l'éloigna de son épouse. Frisson-du-Vent nagea alors dans le sens opposé afin de mettre une plus grande distance entre elle et son mari. Puis elle continua à trancher ses liens en gémissant de douleur. Plus elle coupait, plus elle entaillait ses jambes, et plus la blessure devenait profonde.

La digue du castor s'avançait déjà jusqu'au milieu du lac. L'Oiseau-Tonnerre redoublait d'efforts. Ses éclairs pénétraient l'eau et la faisaient bouillir. Le Génie-du-Lac fuyait toujours plus loin et s'éloignait ainsi de Frisson-du-Vent.

Le bruit de l'orage devint étourdissant. La digue était sur le point d'être terminée et la jeune femme coupait avec courage.

Hélas ! arriva le moment où la douleur fut trop grande. Perdant son sang en abondance, Frisson-du-Vent renonça à libérer ses jambes. Elle regagna sa grotte et pansa ses blessures.

Le combat cessa instantanément. Car, sans l'aide de la jeune femme, personne ne pouvait plus rien pour elle. Les deux fleurs qui devaient rompre l'ascendant que le Mauvais-Esprit avait sur la femme se fanèrent. La construction du castor s'écroula, les éclairs de l'Oiseau-Tonnerre perdirent de leur intensité et le Génie-du-Lac put regagner son logis et retrouver son épouse. À nouveau tranquille, il continua son repas en compagnie de son vieux père.

Après cette lutte inutile, l'Oiseau-Tonnerre alla trouver Ver-dans-la-Branche, toujours assis sur sa pierre.

— Notre entreprise n'a pas abouti, lui dit-il. Nos forces devaient se conjuguer pour obtenir la victoire. Un être n'est rien sans le soutien de ses amis. En renonçant, ta sœur nous a privés de nos pouvoirs.

Le garçon fondit en larmes.

— Vais-je donc devoir vivre toute ma vie loin de Frisson-du-Vent ?

— Je vais arranger cela, dit l'oiseau.

Il changea l'enfant en une île, qu'il plaça au centre du lac.

— Ainsi vous serez toujours l'un à côté de l'autre, conclut-il.

Mais, par prudence, il se bâtit un nid au sommet de l'îlot.

Il peut de cette façon intervenir toutes les fois que le Génie-du-Lac n'est pas bon avec sa femme.

C'est pour cela qu'il y a de nombreux orages dans cette région.

XV. INDIENS IROQUOIS

LE VIEUX ATTEINT
DE TOUTES LES MALADIES

À cette époque les hommes ne savaient rien et les Manitous avaient tout à leur apprendre. Pour cela ils prenaient bien souvent des formes très étranges.

Perché sur la branche maîtresse d'un grand chêne, un écureuil grignotait des glands. Des voix humaines se firent entendre dans la forêt. L'animal descendit de son arbre et se changea en un vieux bonhomme.

Six chasseurs débouchèrent d'un sentier. Ils avaient tué un élan et chacun d'eux portait un gros morceau de viande. Le vieillard s'avança au-devant de la petite troupe et se lamenta :

— Voyez comme je suis maigre et fatigué. Le vent passe à travers les trous de mes vêtements et le froid pénètre jusqu'aux os de mon corps. Aidez-moi à gagner votre village, je pourrai m'y reposer et j'y serai bien au chaud.

Mais les chasseurs n'écoutèrent pas les plaintes du vieux bonhomme, ils passèrent leur chemin en riant et continuèrent à deviser entre eux.

Le vieillard les suivit de loin, en se traînant. Les chasseurs avaient des raquettes à neige. Le vieux n'en possédait pas et il fut bien vite distancé.

Il n'arriva au village qu'à la nuit tombée. Les peaux fermant les entrées des wigwams* étaient baissées. Mais les volutes qui s'échappaient par les trous à fumée dénonçaient de bonnes et douces flambées. Le vieil homme gratta à la peau du premier abri et dit d'une voix chevrotante :

— Le gel blanchit les étoiles dans le ciel et aucun chien n'est dehors. Laissez-moi entrer, je ne tiendrai que peu de place. J'ai faim, mais je me contenterai d'un os à ronger.

Une femme répondit :

— Passe ton chemin, étranger ! Nous gardons nos os pour faire du feu et tu risquerais de donner des puces à nos chiens.

Le vieux se rendit alors au second wigwam. Il gratta à la peau et dit d'une voix plaintive :

* Hutte, chaumière.

— Recueillez-moi, par pitié. Je suis transi de froid et je ne pourrai aller plus loin. Les loups ont dévoré mes mocassins et mes pieds sont de glace.

Un homme répondit :

— Poursuis ta route, nous n'avons pas de place pour toi. Tu dois avoir la gale et nous ne voulons pas l'attraper.

Au troisième et au quatrième wigwam, on le chassa encore. Le vieux se désespérait et commençait déjà à fredonner son chant de mort. Mais, lorsqu'il parvint au dernier abri, la peau se releva toute seule. La jeune fille qui habitait ce wigwam lui dit avec un beau sourire :

— Entre vite, tu vas prendre froid. Viens t'asseoir à côté du feu, je vais te servir une soupe bouillante et bien grasse.

Le vieillard s'installa sur une moelleuse peau de chèvre sauvage, mangea à satiété et demanda à la jeune fille :

— Comment t'appelles-tu, toi qui sais si bien donner ?

— On me nomme Mi-Ti-Li, répondit la jeune fille. Dans notre langue, cela signifie : Celle-qui-n'a-aimé-aucun-Homme.

Mi-Ti-Li était jeune et bonne, mais elle était aussi très laide. C'est pour cela qu'aucun des chasseurs du village n'avait encore demandé à l'épouser.

Comme la Lune-Mordue était déjà haute dans le ciel, la jeune fille étendit sur le sol une chaude peau d'ours et invita le vieux à s'allonger dessus. Puis elle lui dit :

— Maintenant tu dois dormir pour te reposer de tes fatigues. Demain je te confectionnerai une bonne paire de mocassins fourrés.

— Je n'en aurai peut-être pas besoin, répondit le vieillard mystérieusement.

En effet, le lendemain, il interpella Mi-Ti-Li :

— Vois, il m'est impossible de me lever, j'ai des boutons partout sur le visage et la peau de mon corps pèle comme l'écorce d'un bouleau.

— Tu as attrapé une maladie, conclut tristement la jeune fille. Sans doute vas-tu mourir.

— Cela ne fait aucun doute, affirma le vieux. Néanmoins, il ne tient qu'à toi de me guérir.

— Comment le pourrais-je ? s'étonna Mi-Ti-Li.

— Va à l'orée de la forêt, expliqua le vieillard, et cueille la plante qui a de jolies fleurs jaunes à la belle saison. Si tu l'écrases dans une jarre et que tu m'en donnes le suc à boire, je pense que j'irai beaucoup mieux.

Mi-Ti-Li suivit scrupuleusement les directives du vieux. Celui-ci avala la médecine et recouvra la santé.

Mais, à l'aube du jour suivant, le vieillard se mit encore a geindre :

— Comment pourrais-je me lever et quitter ce wigwam ? J'ai mal à la tête, mon front est brûlant et ma vue se brouille.

— Tu as attrapé une autre maladie, déclara la jeune fille en pleurant. Cette fois, la mort te guette.

— Sans aucun doute, dit le vieux d'une voix éteinte. Malgré cela, j'ai dans l'idée qu'il te serait facile de me soigner.

— Je le voudrais bien, dit Mi-Ti-Li.

— Alors retourne à l'orée de la forêt. Cherche bien, tu y trouveras sur un petit buisson les feuilles que les chenilles ne mangent jamais, celles dont le dessus est jaune et l'envers d'un beau blanc velouté. Tu en feras une tisane et tu me la donneras à boire. Mais attention, tu devras sans doute me forcer à l'avaler, car le jus de cette plante est très amer.

Mi-Ti-Li suivit les conseils du vieux. Quand elle lui présenta la tisane, il la refusa tout nettement. Elle lui pinça le nez et l'obligea à l'ingurgiter.

Et le vieillard guérit avant que le hibou ait salué la lune.

La jeune fille poussa un soupir de soulagement et pensa être quitte. Mais, le lendemain et les jours suivants, l'état du vieux ne s'améliora pas. À peine était-il débarrassé d'une maladie qu'une autre surgissait aussitôt. Il avait mal au foie, aux pieds, au cœur ; il perdait ses cheveux et ses dents, toussait, crachait, respirait mal et souffrait de vertiges.

Et toujours Mi-Ti-Li courait à l'orée de la forêt afin d'y récolter des plantes nouvelles. Elle passait ses nuits à piler, à malaxer, à moudre et à diluer pour fabriquer des pommades, des sirops, des onguents, des emplâtres. Et plus elle se dépensait, plus les membres du vieux enflaient ; ses oreilles bourdonnaient, ses yeux pleuraient, ses lèvres se boursouflaient et ses os cassaient. Il faillit mourir plus de vingt fois.

Après toute une longue saison, les gens commencèrent à chuchoter. Puis, finalement, ils dirent ouvertement :

— Mi-Ti-Li est folle de passer son temps à soigner ce vieillard souffreteux. Elle ferait mieux de le laisser mourir. Il ne lui reste plus un instant pour séduire un homme et ce n'est pas ainsi qu'elle se mariera.

Enfin, lorsque apparut la Lune-des-Cerises-Rouges, le vieux sembla se porter mieux. Ses malaises s'espacèrent et s'avérèrent moins graves. Un matin, il dit à la jeune fille :

— Tu m'as bien soigné et je sens que je me rétablis. Te souviens-tu parfaitement des plantes que tu as cueillies pour chacune de mes maladies ?

— Je n'en ai oublié aucune, répondit Mi-Ti-Li.

— Et te rappelles-tu la façon dont tu me les as administrées ? demanda-t-il encore.

— J'ai tout cela en mémoire, affirma la jeune fille.

— Tu pourrais donc guérir une personne atteinte des maux dont j'ai souffert ? insista le vieillard.

— Oui, dit Mi-Ti-Li, à la condition qu'elle ait les mêmes maladies.

— Je les ai toutes eues, annonça le vieux en riant. Et toi, maintenant, tu connais la totalité des médecines utiles à soulager les hommes.

Pressentant que le bonhomme n'était pas un être ordinaire, la jeune fille lui demanda :

— Qui es-tu donc pour avoir survécu à tous ces fléaux ?

— Je puis bien te le dire aujourd'hui, avoua le vieux. En réalité, je suis un Manitou.

À peine venait-il de prononcer ces mots qu'il reprit sa forme d'écureuil et s'enfuit du wigwam.

Une fois seule, Mi-Ti-Li resta songeuse et se demanda à quoi pouvait bien servir ce que le Manitou lui avait appris. Mais, les jours suivants, les gens des wigwams voisins commencèrent à venir la consulter.

— Vois, Mi-Ti-Li, dit l'un. Ma jambe est toute tordue, n'aurais-tu pas une médecine pour la remettre droite ?

— Regarde, Mi-Ti-Li, dit un autre. Je me suis blessé en coupant du bois, ne peux-tu réparer cet os ?

— J'ai mal au ventre, déclara un troisième. N'as-tu pas un breuvage capable de tuer les grenouilles qui rongent mes boyaux ?

Quand les six chasseurs se présentèrent en gémissant, la jeune fille leur demanda :

— N'est-ce pas vous qui avez refusé de secourir le vieillard lorsqu'il a réclamé votre aide ?

— Si, c'est nous, dirent les chasseurs, et nous le regrettons bien.

— Dans ce cas, je vous soignerai, déclara Mi-Ti-Li. Mais allez vous placer à la fin de la file, je vous guérirai en dernier.

Les jours passèrent et la jeune fille continua à se dévouer. Un soir, alors qu'elle allait se baigner à la rivière, les six chasseurs l'abordèrent. Le plus âgé lui dit :

— Nous désirons te prendre pour femme. Choisis l'un d'entre nous et il ne chassera plus que pour toi.

— Auriez-vous changé ? demanda la jeune fille. Ne m'avez-vous pas jusqu'ici trouvée trop laide ?

— Nous ne le pensons plus, répondirent les chasseurs.

— Dans ces conditions, mon choix est fait, déclara Mi-Ti-Li.

Et la jeune fille les épousa tous les six à la fois.

Comme elle recevait trop de nourriture, Mi-Ti-Li en distribua aux indigents et aux vieux du village. Puis elle prit l'habitude de ne plus se rendre dans les bois. Ses six époux furent chargés d'aller récolter les plantes dont elle avait besoin pour soigner les malades. Toujours elle les envoyait au même endroit : au cœur de la forêt profonde, où un jour ils avaient délaissé un vieillard dans le besoin. En ce lieu où un écureuil perché sur une branche semblait se moquer d'eux.

TABLE DES MATIÈRES

POCKET *junior*

TOUT EST À VIVRE, TOUT EST À LIRE

***Le plaisir de lire se goûte de mille et une façons.
Les six thèmes de Pocket Junior
répondent à tous les appétits de lecture.***

Références

MYTHOLOGIES

c'est ça la vie !

SF

FRISSONS

CINÉMA

Références

De grands auteurs et des classiques de la littérature

Les quatre filles du Docteur March
Louisa M. Alcott

L'Amérique, pendant la guerre de Sécession : tandis que les États-Unis modernes naissent dans la souffrance des batailles, quatre sœurs intrépides et tendres affrontent la vie en attendant le retour de leur père. Meg, Jo, Beth et Amy : quatre visages désormais inoubliables, pour des millions de lecteurs et de spectateurs.

La nuit des temps
René Barjavel

Au pôle Sud, les membres d'une expédition polaire internationale sont en émoi. Ils ont détecté, sous 1 000 mètres de glaces, des ruines gigantesques, enfouies depuis 900 000 ans et d'où s'élève un signal régulier. Que vont-ils découvrir ? À la fois reportage et épopée mêlant présent et futur, La nuit des temps *est avant tout une mythique histoire d'amour.*

La planète des singes
Pierre Boulle

Y a-t-il des êtres humains ailleurs que dans notre galaxie ? se demandent le professeur Antelle, Arthur Levain et Ulysse Mérou en observant, de leur vaisseau spatial, le paysage d'une planète curieusement semblable à celui de notre Terre. Après s'y être posés, les trois hommes découvrent qu'elle a de drôles d'habitants : c'est la planète des singes.

Petite Princesse
Frances Hodgson Burnett

Elle a douze ans, elle est belle, intelligente et riche, avec un papa qu'elle adore. Sara est une petite princesse que le destin a gâtée dans le Londres des années 1870. Mais brutalement la chance tourne : plus de père, plus d'argent, le bonheur s'est envolé. Malgré la misère, la souffrance et les larmes, Sara ne perd pas espoir…

Les chasseurs de loups
James Oliver Curwood

Découvrez le Grand Nord canadien, le Désert Blanc cher à Curwood comme à son maître Jack London : sur les pas d'un jeune Américain, plongez dans cet univers rude et hostile, parcourez ses épaisses forêts de sapins et ses montagnes enneigées, hantées par les élans, les loups et de féroces tribus indiennes. Dans la bonne humeur comme dans la peine, vous partagerez les aventures de Roderick Drew qui s'initie à la vie de trappeur avec son ami Wabi et le vieil Indien Mukoki.

Le meilleur des mondes
Aldous Huxley

Les expérimentations sur l'embryon, l'usage généralisé de la drogue. Ces questions d'actualité ont été résolues dans l'État mondial, totalitaire, imaginé par Aldous Huxley en 1932. Défi, réquisitoire, anti-utopie, ce chef-d'œuvre a fait de son auteur un des témoins les plus lucides de notre temps.

L'enfant noir
Camara Laye

Un jeune écrivain de 25 ans décide de raconter son enfance africaine, en Haute-Guinée. Mais, au-delà d'un récit autobiographique, il nous restitue, dans toute sa vérité, la vie quotidienne, les traditions et les coutumes de tout un peuple. Avec cet Enfant noir, *Camara Laye nous offre un livre intemporel plein de finesse et de talent.*

Belliou la Fumée
Jack London

Avec les aventures de Kit Belliou, dit la Fumée, Jack London nous donne une vision souriante de la ruée vers l'or dans le Grand Nord. Malgré les épreuves, Belliou ne connaît jamais ni l'amertume, ni le découragement. Au contraire, son intelligence, sa générosité et son sens de l'humour le sortent des situations les plus désespérées.

Michaël chien de cirque
Jack London

Un chien volé sur une plage des îles Salomon, un perroquet, un steward, un vieux marin, tous compagnons d'infortune à la suite d'un naufrage. Michaël chien de cirque, *un roman d'aventures en forme de protestation contre le dressage des animaux dans les cirques et les music-halls.*

Les patins d'argent
Pierre Jules Stahl

Ils sont pauvres, ils s'aiment tendrement, ils sont frère et sœur, ils se nomment Hans et Gretel et vivent dans la Hollande du milieu du XIXe siècle. Pays faussement tranquille où l'hiver métamorphose canaux et étangs en une immense piste de glissade. Au bout de laquelle, promise au plus rapide, brille une merveilleuse paire de patins d'argent.

Contes et légendes inachevés
Premier Âge
J. R. R. Tolkien

L'histoire de la Terre du Milieu n'est pas contenue tout entière dans Le Seigneur des Anneaux. *D'autres fragments, présentés ici, sont apparus. Vous qui entrez dans ce livre enchanté, découvrez le temps où les Elfes vivaient avec les hommes, suivez les aventures de Tuor le radieux et du ténébreux Túrin… et attendez le « Deuxième Âge ».*

Contes et légendes inachevés
Deuxième Âge
J. R. R. Tolkien

L'histoire de la Terre du Milieu n'est pas contenue tout entière dans Le Seigneur des Anneaux. *D'autres fragments, présentés ici, sont apparus. Vous qui entrez dans ce livre enchanté, entendez l'appel de la Mer qui hante Aldarion, explorez l'île de Númenor, assistez aux premiers combats contre Sauron le Maléfique, avant de partir vers le « Troisième Âge ».*

Contes et légendes inachevés
Troisième Âge
J. R. R. Tolkien

Les Contes et légendes inachevés *complètent l'histoire de la Terre du Milieu. Vous qui entrez dans ce livre enchanté, découvrez les combats contre l'Ombre qui monte, voyez Cirion le sage et Gandalf le prudent tisser des alliances… Bientôt, le magicien va rassembler sa compagnie,* Le Seigneur des Anneaux *va commencer…*

MYTHOLOGIES

Des contes et légendes de tous les pays et de tous les temps

Contes et légendes des chevaliers de la Table Ronde
Laurence Camiglieri

Le roi Artus, la reine Guenièvre, Lancelot du Lac, la forêt de Brocéliande, le Val sans retour... Héros fabuleux, sites mythiques. Aventures merveilleuses. Ces récits nous plongent dans l'univers médiéval de l'amour courtois, de la chevalerie où se mêlent les exploits guerriers et les phénomènes surnaturels, où s'affrontent le bien et le mal.

Contes et récits tirés de *L'Iliade* et de *L'Odyssée*
G. Chandon

Un prince troyen a enlevé une reine grecque. Le scandale déclenche la guerre la plus célèbre de l'Antiquité... Monstres et magiciennes guettent Ulysse dans sa fabuleuse odyssée. Parviendra-t-il à arracher sa fidèle épouse Pénélope aux prétendants qui convoitent son royaume d'Ithaque ?

Récits tirés de l'histoire de Rome
Jean Defrasne

Toute l'histoire de Rome antique, ses grandeurs, ses faiblesses, ses heures sombres et ses jours de gloire : voici les Gaulois à l'assaut de la Ville éternelle, les éléphants d'Hannibal venus de la puissante Carthage, César trahi par les siens, l'esclave Spartacus luttant pour libérer ses compagnons d'infortune, l'empereur Néron emporté par sa folie mégalomane, et bien d'autres...

Contes et légendes de l'Égypte ancienne
Marguerite Divin

Fascinante Égypte ! Au bord du Nil majestueux, ses pyramides abritent le mystère. Ses momies sont les étranges témoins d'un monde cinq fois millénaire. Entrez dans ses légendes et voguez sur la barque magique du Seigneur Râ, rencontrez Isis, fréquentez dieux et pharaons. Ils vous invitent au plus beau des voyages : celui du rêve dans un temps fabuleux.

Contes et légendes mythologiques
Émile Genest

Vous les rencontrez tous : les dieux et les déesses qui ressemblent, malgré leurs extraordinaires pouvoirs, aux pauvres mortels de la Terre ; les héros capables d'accomplir d'impossibles exploits ; les monstres sortis des songes les plus fous, des cauchemars les plus noirs. Ils font galoper notre imagination et n'ont pas fini de peupler nos rêves.

Le Premier Livre des Merveilles
Nathaniel Hawthorne

Découvrez les plus célèbres légendes de la mythologie grecque racontées par un grand romancier américain du XIXe siècle à ses jeunes enfants : vous tremblerez avec Persée face à la terrible Gorgone Méduse, vous suivrez Hercule sur le chemin du jardin des Hespérides. Midas et Pandore, Philémon et Baucis vous feront partager leurs misères et leur bonheur.

Le Second Livre des Merveilles
Nathaniel Hawthorne

Dans ce deuxième recueil de contes adaptés des plus célèbres légendes de la mythologie grecque, vous entrerez dans le labyrinthe sur les pas de Thésée, mais aussi dans le palais de Circé à la suite d'Ulysse ; vous découvrirez comment les Pygmées ont vaincu l'invincible Hercule, tandis que Jason et Cadmus affrontent de terribles dragons.

Contes et légendes de la Bible
Du jardin d'Éden à la Terre Promise
Michèle Kahn

Le fruit défendu, qui n'en a pas entendu parler ? Mais savez-vous comment Ève le fit goûter à Adam ? Et comment Jacob acheta son droit d'aînesse contre un plat de lentilles ? Et comment Joseph, esclave, devint vice-roi d'Égypte ? La Bible est le plus grand livre de rêves.

Contes et légendes de la Bible
Juges, rois et prophètes
Michèle Kahn

Le combat de David et de Goliath, qui n'en a jamais entendu parler ? Mais savez-vous comment le jeune berger abattit le géant ? Et comment Samson le vengea de la trahison de Dalila ? Et comment le sage roi Salomon répondit aux énigmes de la reine de Saba ? La Bible est le plus grand des livres de rêves.

Contes et légendes de la naissance de Rome
Laura Orvieto

Un guerrier beau comme un dieu, une vestale qui oublie le feu sacré, un berceau abandonné au fil de l'eau. Aux côtés de Romulus, vivez au jour le jour les péripéties de la fondation d'une humble bourgade, née dans la violence le 21 avril 753 av. J.-C., et promise à une gloire éclatante : Rome, la Ville éternelle.

c'est ça la vie !

Des romans qui ont des choses à dire sur la grande aventure de la vie

Le voyage de Mémé
Gil Ben Aych

La famille de Simon quitte Paris pour s'installer en banlieue. Le problème, c'est Mémé qui arrive d'Algérie. Pour déménager, elle ne veut prendre ni voiture, ni taxi, ni bus, ni métro, ni rien. Elle veut marcher, c'est tout. Munie de cachets contre le mal au cœur et de citrons pour la soif, elle se lance avec son petit-fils dans un incroyable périple de vingt kilomètres à pied !

Le cri du loup
Melvin Burgess

Ben a commis une grave erreur en révélant à un chasseur qu'il existait encore des loups dans le sud de l'Angleterre. Car ce chasseur est un fanatique, constamment à la recherche de proies inhabituelles. Très vite, l'homme n'a plus qu'une idée en tête : exterminer les loups jusqu'au dernier.

L'île des Chevaux
Eilis Dillon

On raconte que, sur l'île des Chevaux, des fantômes sortis de la mer ont fait périr tous ceux qui s'y sont aventurés. Malgré les avertissements, Pat et Danny débarquent sur l'île abandonnée. Ils y découvrent une vallée secrète, des chevaux sauvages et un incroyable étalon noir. En ramenant un poulain de leur expédition, ils mettent le doigt dans un engrenage qui va leur faire courir les pires dangers.

Toufdepoil
Claude Gutman

Sa maman partie, Bastien a dû apprendre à vivre seul avec son papa et Toufdepoil, son chien, son meilleur ami. Mais soudain tout est remis en question. Belle-Doche s'installe à la maison et déclare la guerre à Toufdepoil. « C'est lui ou moi. » Bastien prend peur. Son père est tout à fait capable de céder au chantage et de se débarrasser de son Toufdepoil.

La folle cavale de Toufdepoil
Claude Gutman

Toufdepoil, le chien de Bastien, est à la S.P.A. Bastien et son père le récupèrent au cours d'une expédition nocturne, provoquant ainsi la colère de Belle-Doche, qui ne veut pas de l'animal à la maison,

Bastien, son papa et Toufdepoil prennent la fuite. À bord de leur 2 CV, les voilà partis pour un drôle de tour de France.

Pistolet-Souvenir
Claude Gutman

Avec sa petite taille, ses vieux vêtements et ses piètres résultats scolaires, Petit-Pierre est devenu la brebis galeuse et le souffre-douleur de la 6e D. Mais le jour où il débarque dans la classe, le visage tuméfié, plus personne ne rit. Julien décide de l'aider. Il réussit à gagner sa confiance et Petit-Pierre livre son terrible secret.

Penalty
Michael Hardcastle

Frédéric, jeune gardien de but, fait des débuts prometteurs en 1re division. Enthousiaste et acharné, il s'entraîne sans relâche pour devenir un grand champion de foot. Mais un jour, tout bascule... Un maître-chanteur lui intime l'ordre de « coopérer », pour éviter à sa sœur Zoé d'avoir les pires ennuis. Mais quels sont ces ennuis ? Et que signifie cette « coopération » ?

La longue route d'une Zingarina
Sandra Jayat

Stellina, quinze ans, ne peut accepter le mariage arrangé que lui impose la coutume tzigane. Choisissant la liberté, elle quitte sa tribu, un matin à l'aube. Sans argent, avec pour tout bagage un petit ours en peluche, elle effectue un interminable voyage à pied qui la conduit des bords du lac Majeur à la frontière française.

La cavale irlandaise
Walter Macken

Pour échapper à la brutalité de leur tuteur, deux enfants traversent l'Irlande dans l'espoir de rejoindre leur grand-mère. Ils font la une des journaux, sont poursuivis par la police et ne devront leur survie qu'à leur courage et leur ténacité. Parviendront-ils à retrouver un vrai foyer ?

Tony et le goéland
Sue Mayfield

Il y a des hauts et des bas dans la vie de Tony. Parmi les événements heureux : le but qu'il a marqué au foot, le goéland blessé qu'il a recueilli et surtout Claire qui pourrait bien être amoureuse de lui. Du côté des choses tristes, il y a la longue maladie de sa mère. Tony y pense tout le temps, mais il préfère ne pas en parler.

Adieu, mes douze ans
Betty Miles

Annie et Pamela s'entendent parfaitement. Elles pensent que douze ans est un âge merveilleux. Mais bientôt elles perçoivent des petits changements dans la vie, autour d'elles : une amie commence à se maquiller, une autre glousse en présence des garçons... Un jour, Pam annonce qu'elle va déménager... et cela perturbe beaucoup Annie.

Un regard dans la nuit
Judy Nunn

Une île au large de l'Australie. Là, vivent Jérémy, sa sœur Pao et leurs parents. Jérémy est aveugle mais il possède un don qui lui permet de « voir » d'une étrange façon... Un jour, débarque Hugo, leur cousin. Un matin, à l'aube, tous les trois partent en voilier. Mais la tempête éclate, le bateau fait naufrage, les enfants échouent sur une île et sont confrontés à de terribles dangers.

Le nuage
Gudrun Pausewang

Une sirène d'alarme interrompt soudainement le cours de français auquel assiste Janna-Berta, une lycéenne allemande de quinze ans. Les élèves sont évacués en catastrophe. Le réacteur d'une centrale nucléaire de la région a explosé. Un nuage extrêmement irradiant s'en est échappé. Coincée au milieu d'une population paniquée, Janna-Berta ne peut éviter la contamination.

Cabot-Caboche
Daniel Pennac

Courageux, Le Chien ! Pas joli joli, mais un sacré cabot ! Comme il se bagarre pour vivre ! Ce qu'il cherche ? Une maîtresse. Une vraie, qui l'aime pour de bon. Pomme lui plaît beaucoup, au Chien. Un grand rire, des cheveux comme un soleil... Hélas, elle est tellement capricieuse ! Une vraie caboche, cette Pomme. Comment Le Chien va-t-il l'apprivoiser ?

L'œil du loup
Daniel Pennac

Dans un zoo, un enfant et un vieux loup borgne se fixent, œil dans l'œil. Toute la vie du loup défile au fond de son œil : une vie sauvage en Alaska, une espèce menacée par les hommes. L'œil de l'enfant raconte la vie d'un petit Africain pour survivre, et qui possède un don précieux : celui de conter des histoires qui font rire et rêver...

L'esclave du tapis
George Selden

Orphelin à douze ans, Tim doit dire adieu à sa vie de bohème, auprès d'un père fou de sciences occultes et d'une drôle de voyante. Il s'installe chez tante Lucie, qui se déclare allergique à son chien Sam. Pour le garder, Tim s'en remet à la magie et convoque un Génie, enfermé dans une tapisserie. Celui-ci sauve Sam de la fourrière en le changeant... en homme !

SF

La science-fiction, c'est le grand jeu de l'imaginaire

STAR TREK

Les aventures de Worf, jeune cadet de Starfleet Académie

Starfleet Académie 1
La première aventure de Worf
Peter David

Starfleet Académie 2
Baptême du feu
Peter David

Starfleet Académie 3
Mission de survie
Peter David

Starfleet Académie 4
La prise de l'étendard
John Vornholt

STAR WARS

Il y a bien longtemps dans une lointaine galaxie…

1. Le gant de Dark Vador
Paul Davids, Hollace Davids

2. La cité perdue des Jedi
Paul Davids, Hollace Davids

3. La vengeance de Zorba le Hutt
Paul Davids, Hollace Davids

4. Le Prophète Suprême du Côté Obscur
Paul Davids, Hollace Davids

5. La Reine de l'Empire
Paul Davids, Hollace Davids

Les rescapés du futur
Carol Matas

Comment Rébecca aurait-elle pu imaginer qu'en voulant sauver son ami Thomas, elle se retrouverait avec lui et d'autres enfants projetée en 2040 ? L'incroyable est pourtant arrivé... Les enfants sont prisonniers d'un monde souterrain, épargné par la guerre nucléaire qui a anéanti la Terre des années auparavant. Que vont-ils faire ?

Les naufragés du temps
Carol Matas

Rébecca suit deux mystérieux adolescents dans un parc et se retrouve projetée dans le futur, en 2060. Le monde est dirigé par une multinationale, Zanu, qui garantit la paix et la prospérité, mais prive les hommes de toute liberté individuelle. Avec Tara, sa nouvelle amie, Rébecca entre dans la résistance...

La prisonnière du lendemain
Carol Matas

Rébecca est de retour de l'an 2060. Mais la machine de transfert temporel a été mal programmée : elle est revenue sur terre huit jours avant d'être partie. Du coup, elle existe en deux exemplaires. Que faire de ce double d'elle-même ? Et comment profiter de ce décalage pour changer le cours des choses ?

LES AVENTURIERS DU MONDE MAGIQUE

Les aventures de Simon Tregarth

1. L'arche du temps
Andre Norton

2. La vallée dans l'ombre
Andre Norton

3. L'année de la licorne
Andre Norton

4. Les montagnes de l'oubli
Andre Norton

FRISSONS

Du polar au fantastique en passant par le suspense… cœurs sensibles s'abstenir !

Le voleur d'éternité
Clive Barker

C'est une maison extraordinaire où chaque jour est une fête. Tout y est magnifique, mais il ne faut pas chercher à s'en évader car, alors, le rêve se transforme en un terrifiant cauchemar. (Grand Prix de l'Imaginaire 1994.)

La solitude du buveur de sang
Annette Curtis Klause

Jamais Zoé ne s'est sentie aussi seule et désemparée. Sa mère agonise à l'hôpital et l'amie à qui elle pourrait se confier vient de déménager. Un soir, elle rencontre Simon : la solitude, la mort, il connaît. Mieux que personne. Après tout, cela fait trois cents ans qu'il est mort, trois cents ans qu'il est un vampire.

La galerie de tous les dangers
Betsy Haynes

Pas question pour Julia et ses amis de rater la fête d'inauguration de la Galerie des Merveilles. et qu'importe si le centre commercial a été bâti sur des marais autrefois réputés hantés… Ce n'est pas cela qui les empêchera de se livrer à un shopping d'enfer !

La vallée des morts
Michael Paine

Pour Howard Carter, qui plus tard deviendra célèbre en découvrant la tombe de Toutânkhamon, l'Égypte est un pays de rêve et de mystère. Mais en ce début de XXe siècle, il s'y passe de bien étranges choses. D'où viennent ces inquiétantes momies que vendent les pilleurs de tombes ? À quels sinistres rituels se livre donc Hank Larrimer, le jeune Américain auquel Carter sert de guide ?

Les enfants de Frankenstein. Livre 1. La création
Richard Pierce

À la mort de Josh, le garçon qu'elle aime. Sara voit s'effondrer ses rêves. Pour elle tout est fini. À moins qu'elle n'ose tenter l'inconcevable : défier les lois de la nature en essayant de ressusciter son ami. Ce n'est peut-être pas impossible, surtout quand on a à sa disposition les cahiers de laboratoire d'un certain Victor Frankenstein…

Les enfants de Frankenstein. Livre 2. La revanche
Richard Pierce

Sara a ressuscité Josh, mais celui qu'elle aimait est à présent un monstre. Pourtant, le pire est à venir. Le grand-père du jeune homme, digne descendant de Victor Frankenstein, n'a pas révélé ses plus sinistres secrets. Et les victimes de ses précédentes expériences, réduites à l'état de morts vivants, commencent à semer la terreur dans la petite ville.

Les enfants de Frankenstein. Livre 3. La malédiction
Richard Pierce

Désormais, Sara n'a plus aucun doute : la malédiction des Frankenstein est bien réelle. Après Josh, c'est maintenant sa sœur Jessie qui menace de se transformer en monstre. Pour mettre fin au cauchemar, Sara va devoir percer l'horrible secret qui hante la famille depuis plus d'un siècle.

La falaise maudite
Christopher Pike

Sharon est accusée d'avoir tué sa meilleure amie. Certes, on n'a pas retrouvé le corps. Certes, les trois témoins n'ont rien vu. Ils n'ont fait qu'entendre une dispute, suivie d'un cri. Le cri de quelqu'un qu'on vient de pousser du haut d'une falaise... Sharon est innocente, mais personne ne la croit. (Grand prix de l'Imaginaire 1995.)

Souvenez-vous de moi
Christopher Pike

La police croyait à un accident. Mais pour Shari, il ne pouvait s'agir que d'un meurtre. Elle était bien placée pour le savoir, c'était elle la victime ! Et puisque personne ne semblait vouloir enquêter, il ne lui restait plus qu'à découvrir elle-même l'identité de son assassin.

Par une nuit d'avril
Richie Tankersley Cusik

Bien sûr, ils n'étaient pas vraiment responsables de ce terrible accident. Ils n'en avaient été que les témoins. Mais Belinda ne peut s'empêcher de se sentir coupable. Jamais ils n'auraient dû s'enfuir ! Et si on les avait vus ? Si quelqu'un avait par miracle survécu et s'il était déterminé à se venger...

CINÉMA

Du grand écran au format de poche, pour retrouver vos héros de cinéma préférés. Avec en plus une surprise : des photos du film en couleurs !

Casper
Lisa Rojany

Casper, gentil petit fantôme de dix ans et ses trois oncles, Crado, Bouffi et Teigneux, hantent les murs de Whipstaff depuis des années. Mais l'avidité des nouveaux propriétaires, prêts à démolir le manoir pour trouver son trésor, rend l'avenir bien sombre. En la personne du docteur Harvey, psychanalyste pour fantômes, et surtout de sa fille Kat, Casper va trouver des alliés inespérés qui vont lui permettre de sauver la situation.

Jumanji, l'aventure
XXX

Bienvenue dans le monde de Jumanji ! A priori, ce n'est qu'un simple jeu de société. En fait, c'est un piège. Une porte sur un monde hostile mais fascinant, une jungle peuplée d'animaux sauvages et terrifiants. Chaque lancer de dés fait un peu plus basculer la réalité. Inexorablement. Et celui qui entame une partie est condamné à aller jusqu'au bout.

Achevé d'imprimer
par Maury-Eurolivres S.A.
45300 Manchecourt

Dépôt légal : octobre 1996.

POCKET - 12, avenue d'Italie - 75627 PARIS Cedex 13